Amar lo que se Dé...

Una forma diferente de ser para un nuevo futuro

Beneficios que se otorgan hacia los individuos,
la comunidad y la tierra misma al vivir en la compasión

Eric Dowsett

Traducido por: Alicia Arnold Martin
Fotografía de portada: www.shutterstock.com

ISBN 978-0-9830907-0-0

www.ericdowsett.com

Llego el tiempo, dijo la morsa....

de cambiar el mundo en que vivimos.

Adaptado por Alicia a través
de la lente de Lewis Carroll

Contenido

Reconocimientos

Muchas personas me han ayudado a lo largo del trayecto, aún sin saberlo, y a todas ellas, les estoy profundamente agradecido.

Deseo agradecer a Chris y Rebecca en Australia por haber creado el espacio para mí en tanto escribía mi primer borrador del libro.

A Nina Gettler, mi paciente y comprensiva ediora.

Y a ti, el lector, porque tú eres la razón principal por la que he escrito este libro.

Preámbulo

Si estamos buscando un nuevo futuro, entonces es necesario que entendamos como puede ser creado ese futuro.

Mi razón para escribir este libro, aparte de los grandes beneficios personales en intentar poner en orden mis pensamientos y proyectar una imagen coherente, fue ayudar a todos a aquellos que buscan algo nuevo, pero no están seguros por donde empezar.

Si hemos de creer en los profetas de la Nueva Era, nos encontramos en un tiempo de gran potencial, de cambios tan profundos y poderosos, tan significativos que difícilmente pueden compararse con nada en los libros de la historia. Somos los agentes del cambio, el cambio empieza por nosotros mismos.

Y si elegimos no creer en los profetas de la nueva era, y no pensar en el potencial para el cambio que estos tiempos ofrecen, entonces *Amar Lo Que Se Dé* será aún de un gran valor para ti, tu familia, comunidad y la tierra en si.

La aplicación de la información de este libro en tu vida diaria, es entonces, como dicen, una situación ganar-ganar.

¡Disfrútalo!

Introducción

¿Te has preguntado alguna vez de dónde venimos? ¿A dónde vamos?

¿Alguna vez te has detenido a pensar por qué eres como eres? ¿Crees que tienes la libertad de elegir o crees que eres una víctima de las circunstancias?

Estas son preguntas que se han hecho a lo largo de la historia, y pareciera que no hay una respuesta sencilla que satisfaga a todos. Quizá no haya respuesta. Mucha gente parece estar contenta con su vida, hasta que su vida se ve amenazada. Quizá la respuesta si es que la hay, difiere para cada uno de nosotros; una respuesta, después de todo, es relativa a la conciencia de la persona que hace la pregunta.

La exploración de la mente humana estudiándose a sí misma, es un concepto sorprendente, un proceso que naturalmente está limitado por las percepciones de la "mente individual," pero es todo lo que tenemos sin dejar la responsabilidad a los pies de un dios.

Este libro ofrece un asesoramiento psicológico, científico, espiritual y de sencillo sentido común no sólo para ayudarnos a ver cómo estamos creando nuestro mundo, pero qué podemos hacer para crear un mundo mejor. Se trata del cómo y por qué acerca de la realidad en la que nos encontramos en un momento dado, que podemos hacer para cambiarla. Se trata de nuestro potencial para crear una muy diferente realidad de la que actualmente nos encontramos.

La mayoría de la gente en el planeta tiene la misma meta —estar a salvo y ser felices. Para algunos el camino de seguridad y felicidad es difícil.

Aún para aquellos que dan señales de haber logrado la felicidad —el mundo material y seguridad— se encuentran atrapados en una búsqueda interna de paz.

Y, aún con todos los avances en el mundo material, no se parece haber ningún cambio significativo en el entendimiento de la humanidad a través de los siglos. Es evidente que ha habido enormes avances en la ciencia, la medicina, y tecnología, pero la naturaleza intrínseca de la humanidad parece estar sin cambios. Aún estamos buscando la seguridad y la felicidad en la misma vieja forma.

Este libro trata del cambio en un nivel muy fundamental. Es más bien una simple añadidura a la forma corriente de pensar contemporánea; tiene el potencial para cambiar percepciones actuales en sus cabezas. Estoy intentando presentar un punto de vista muy diferente de cómo una realidad es creada y cómo se sostiene. No sólo estoy ofreciendo conceptos, teorías e historias, sino un manual de auto-ayuda que contiene pequeñas cosas que pueden ponerse en práctica de inmediato— si así lo eliges.

Pero recuerda que éste es mi camino y mis comprensiones que se han dado a lo largo de este camino. Si cualquier información contenida en este libro te hace sentido, si te lleva a atraer recuerdos mantenidos en el olvido, si cualquier cosa resuena con algo profundo en tu interior... tú lo sabrás. Toma lo que necesites, haz tu propio re-conocimiento personal y deja lo demás... quizá para más adelante.

La realidad es muy relativa para el observador, tanto que puede ser diferente para cada uno de nosotros. En este libro no se trata de juzgar ninguna de esas realidades como mejor o peor que otras. Se trata de explorar cómo y de dónde provienen; spor qué se manifiestan como lo hacen y qué –si lo hay– puede hacerse para crear un mundo donde la seguridad y la felicidad estén a la mano para todos.

Espero ser capaz de navegar a través de este campo minado de preguntas, respuestas, y dudas para que al final del libro, nos deje cada uno de nosotros un sentido diferente de cómo trabajan las cosas, para que seamos capaces de tomar nuestras propias decisiones; decisiones que se basen no en lo que los demás dicen, sino en sobre un entendimiento más profundo de la naturaleza de la realidad.

No es mi intención el dividir el mundo en varias colecciones de creencias, algunas mejores, otras peores que otras. Más bien se trata de ver que es lo creo todas estas creencias culturales en primer lugar. Quizá, cuando encontremos otra forma de mirar de donde vino la imagen que tenemos de nosotros mismos, podremos empoderarnos para cambiar dicha imagen.

Si vemos en retrospectiva a través del tiempo, vemos –si la historia dice la verdad– el ascenso y el descenso de varias culturas, cada una teniendo su momento de gloria seguido por su declive. Dentro de culturas mayores, encontramos sub-culturas que aparecen y desaparecen. Sin embargo, no importa que tan importante cualquiera de estas singulares culturas hayan sido, aún así fueron producto de las que les precedieron. Al surgir de su pasado, usando los mismos bloques creativos de construcción que fueron usados en el pasado, estas culturas fueron esencialmente más de lo mismo. Bien pudo haber habido grandes saltos culturas, grandes avances en la conciencia mental y social, pero todo se baso en el mismo punto de vista mundial. Un punto de vista mundial de separación, de individualidad, de polarización. Un punto de vista mundial que fue tras el control para poder encontrar la seguridad y la felicidad. No es el producto de el punto vista mundial lo que cuestiono, sino el punto de vista mundial en si mismo… la esencia detrás de la creación de las muchas civilizaciones y culturas, de las cuales aún formamos una parte.

Aquí estamos todavía, luchando contra el mal en sus muchas manifestaciones, y nada ha cambiado. En miles de años, nada ha cambiado realmente. Si realmente deseamos el cambio, no sólo de gobierno, sino también de punto de vista mundial actual, entonces, tiene que haber un cambio fundamental en todos y cada uno de nosotros. Tendremos que cambiar no sólo nuestras mentes, no sólo nuestros corazones, sino también el mismísimo entendimiento de quienes somos y el rol que hemos jugado en el pasado para crear y sostener el punto de vista mundial. Esto suena una tarea extremadamente pesada, y si quieres comerte el pastel de un solo bocado, te puedes sentir pesado, pero si tomas una rebanada a la vez, la tarea es más fácil.

Varias personas aparecen a lo largo de la historia y nos ofrecen caminos alternativos; muchos de los cuales no fueron tomados en serio por mucho tiempo. Aún aquellos que alcanzaron cierto grado de reconocimiento, a lo largo

del tiempo sus palabras fueron manipuladas para finalmente servir como algo que pasa a formar parte del bien
colectivo. Sin embargo la palabra de los profetas, los santos
—estos mensajeros de dios, todos llegaron a los oídos de
aquellos viviendo aún en creaciones construidos sobre una
diferente percepción.

Los oídos que escucharon esas palabras, interpretaron
las mismas a través de su propio pasado individual. Ellos
sólo pudieron entender palabras que se basaron en el punto de vista mundial del momento que era tan limitado que
sus palabras fueron malinterpretadas. Muchas veces, las palabras de sabiduría fueron manipuladas por los lideres que
las usaron —posiblemente con la mejor de las intenciones— a
fin de encajar en el punto de vista general del ese tiempo.

Yo creo que si todos hubieran llevado al corazón esas
palabras, el punto de vista del mundo del momento, hubiera sido muy diferente ahora. Llevar al corazón. Esto, creo,
es la clave.

En nuestro afán por entender y controlar el mundo
que nos rodea, hemos buscado la respuesta afuera de nosotros. Hemos tratado de entender quienes somos y nuestro sitio en este mundo a través de la religión o de la ciencia, a través de la fe o de los hechos. A través de ejercicios
intelectuales o la aceptación de palabras dichas o escritas
en el pasado. Si tú piensas que las enseñanzas de amor y
compasión están vivas h funcionando en el mundo actual,
si estás contento con la forma en el que el mundo se encuentra —no sólo en tu mundo personal, sino en el de todos
los demás también— entonces, este libro quizá no sea para
ti. Si sientes que la humanidad está —y ha estado por algún
tiempo hasta ahora— conduciéndose hacía una era de ob-

scuridad, entonces continúa leyendo. Quizá encuentres que la forma de ser que aquí se ofrece, nos lleva a la promesa de percibir un mundo muy diferente. Yo creo que en tanto sigamos atrapados en la ilusión de que la personalidad es quienes somos, entonces, la verdad puede estar allá fuera, pero es algo que no podemos realmente asir. La gente a través de los tiempos ha tratado de descubrir la verdad, pero siempre se han encontrado que la verdad no se puede hallar desde dentro de la personalidad. Podemos intentar ver algunos destellos de lo que puede ser la verdad, pero este descubrimientos no se pueden comprobar con nada. Al tratar de percibir una imagen mayor desde dentro de la personalidad, el marco de quien realmente crees que eres, puede ser real en relación directa a que tan objetivo eres en tu propia percepción de la realidad.

A través de este libro, usare las palabras y "conocimientos" de muchas personas para dar perspectivas diferentes o similares de temas que se toquen aquí mismo. Quizá hayan oído hablar de esas personas, o tal vez sean nuevas para ustedes.

Quizá creas que algunas de las citas a que me refiero sean en realidad la verdad. Pero he aprendido que las palabras aquí citadas sean las originalmente habladas, no necesariamente son la verdad. Cuando se mencionan, a través de la repetición recurrente, las palabras, dichos o historias del pasado se aceptan como la verdad. A pesar de que esas palabras han sido un tanto cambiadas por aquí y por allá. Lo que leemos, frecuentemente lo tomamos como la verdad. Espero explicar esto más adelante en este libro y estoy mencionando esto, sólo para que quede claro que lo que hayamos acepto como la verdad en el pasado, puede no ser verdad en absoluto. Una mentira que se repite lo suficiente, eventualmente se convierte en realidad. Como lo citó el filósofo y doctor del siglo XII –Maimonides quien dijo: "No lo consideren cierto, sólo porque esté escrito en los libros, el embustero que engañe con su lengua, no vacilará en hacer lo mismo con su pluma."

No creo que la mayoría de aquellos que se sienten a redactar algún escrito, deliberadamente tengan la intención de mentir o confundir, aunque algunos desde luego lo han hecho. Más bien creo que cada uno de nosotros cuenta la historia de acuerdo como la vemos –o quisiéramos verla– desde una perspectiva con sus limitaciones y expectativas personales. Yo no soy la excepción y por esta razón les advierto que no tomen mis palabras tan en serio, al grado que crean que son infalibles sólo porque las he escrito en este libro.

Todo lo que puedo ofrecer es un camino de vida a través de mi conocimiento personal directo, y no basado en las palabras de otros, sin importar quienes sean o hayan sido. Sin la intención de ser irrespetuoso. Mucha gente ha influenciado mi pensamiento en un sinfín de formas. Las palabras de otros frecuentemente han apoyado mi punto de vista del mundo o han aumentado mi habilidad para abrirme a otros puntos de vista.

No es fácil separar los hechos de la realidad y conocer la diferencia puede ser la parte más difícil. Y, al ser esto la base fundamental sobre la cual hemos basado nuestras vidas, surgirán los cuestionamientos, por lo que quizá sea necesario que lo veamos desde una perspectiva totalmente diferente. Para hacer esto, debemos empezar a cuestionar todo lo que se nos ha dicho; todo lo que hasta ahora, hemos aceptado como la verdad. Ya sea porque nuestros padres nos lo dijeron, porque la sociedad nos lo dijo, porque la religión nos lo dijo, porque la ciencia nos lo dijo, porque la historia nos lo dijo; todo ello ya no es razón buena y suficiente para aceptar sin cuestionar lo que realmente está pasando.

La gente se ha preguntado por milenios, quizá tratando de entender el significado de la vida. Algunos tal vez hayan encontrado respuestas que los satisficieron y les dieron un fundamento para sus creencias. Sin embargo en su gran mayoría, las preguntas sólo proceden desde un marco actual y limitado de la persona que hace la pregunta. Puede haber una gran cantidad de respuestas, pero sólo a la pregunta específicamente hecha… y además respuestas de acuerdo al punto de vista que el individuo pueda racionalizar. Estas respuestas bien pueden no ser respuestas a grandes preguntas en la vida. Es más factible, que sean respuestas que satisfagan a un individuo por periodo de tiempo muy breve.

Se dice que Buda acostumbraba a iniciar sus discursos con las palabras: "he oído que…." de tal forma que no reclamaba las palabras como la verdad. Yo hago lo mismo… y quizá añada "tal como lo recuerdo."

Quien quiera que percibas que eres –en cualquier nivel sutil o superficial– afecta a los que te rodean, tanto como te afecta a ti. Como sea que te percibas, afecta los espacios que habitas –tu casa, tu oficina, cualquier lugar– tanto como los espacios te afectan a ti. Y, quien quiera que percibas que eres, reacciona ya sea conscientemente o no, a otros y a los espacios o ambientes que te rodean.

La mayoría de nosotros estamos en piloto automático, haciendo decisiones desde limitantes subconscientes, decisiones que se añaden y suportan el punto de vista actual de lo correcto e incorrecto, malo y bueno, seguro e inseguro.

Si sientes que hay algo más, si quieres cambiar tu vida pero no sabes como, si quieres traer más paz a tu vida, a la vida de familiares amigos y al mundo e tero, quizá encuentres cierta ayuda en este libro. Si quieres entender el rol que estas jugando en crear el punto de vista que comúnmente es aceptado en el momento y haces algo al respecto, entonces quizá hayas escogido el libro adecuado.

1

¿De Donde Venimos?

Desde mi tierna infancia, tuve la sensación de una diferencia entre la mayoría de las personas alrededor mío y yo. Esta sensación la entendió mi padre. Quizá esto sea muy común a todos los niños –ese sentimiento de ser diferentes y especiales que aún prevalece en la vida.

La temprana infancia no vino equipada con el conocimiento y la sabiduría para entender cual era esta diferencia, otra que no fuera la de una mente joven tratándose de entender a sí misma. Solía ver el comportamiento de aquellos que me rodeaban y me preguntaba acerca de forma en que se trataban unos a los otros. No estaba capacitado para reconciliar lo que veía con lo que sentía. Sin tener ningún entendimiento de lo que pasaba o por qué, ni tampoco a quien pudiera preguntar, éste resulto ser un tiempo de alineación muy fuerte para mí. Aún cuando hubiera habido alguien con quien hablar, no podía formular las preguntas en mi propia mente, sin mencionar el articularlas en palabras.

Una forma de manejar esta confusión fue llevándola toda hacia adentro, enterrarla en alguna parte y confiar que algún día vendría la respuesta. Pero como sea que "manejé" esto, hubo un impacto psicológico duradero en mí.

Nací en Inglaterra, con unos padres que fueron increíblemente indulgentes en dejarme hacer lo que yo necesitaba hacer. Ellos nunca me dijeron que no pudiera o no debiera hacer algo, más bien me apoyaron en un 100% sin importar que dirección eligiera yo tomar. Esto fue una bendición sorprendente –aún más en retrospectiva. Hay tanta gente a quienes se les recuerda constantemente su lugar en el mundo: "Tú no puedes ir ahí, ése no es tu lugar." "Tú no debes hacer eso." "Tú no puedes hacer aquello." "Eres un fracaso." Y etc. etc. Algunas veces los comentarios pueden ser bien intencionados; algunas veces son producto de la frustración de los padres. Algunas veces este condicionamiento –porque eso es lo que es– resulta obvio. Con más frecuencia, es un sutil sonido de fondo, pero cualquiera que sea el caso, el adoctrinamiento infantil permanecerá con el niño para toda la vida. Cualquiera que haya sido el intento o intensidad de las condiciones de nuestra niñez, muchos de nosotros crecemos con limitaciones impuestas de las cuales no podemos liberarnos. Yo tuve –y aun tengo– las mías.

Recientemente tuve a dos Afroamericanos que vinieron a un taller en San Francisco –un evento raro– ya que mayormente asisten mujeres Afroamericanas a mis talleres, pero no hombres. Uno de ellos estuvo en el lunch conmigo y le comenté lo poco usual que era el que un hombre de color viniera a un taller y me contó su historia. Una persona de ascendencia africana que ha crecido en los Estados Unidos de América, no siempre la vive fácil. Me dijo que su madre acostumbraba a recordarle constantemente qué es lo que podía o no podía hacer; dónde podía o no podía ir. Desde una edad muy temprana, se le había estado diciendo por alguien a quien el amaba y confiaba que él era diferente y esa diferencia influenció y limito su futuro. Cualquiera que fuera la razón, él no estaba satisfecho con estas limitaciones y se aventuró a descubrir una realidad diferente. Dejo atrás su pasado y empezó a explorar el mundo; hizo amigos lejos de cualquier expectación, hizo cosas, fue a sitios que estaban cerrados para personas con sus antecedentes. Al no acarrear su pasado con él a tal grado tan obvio como muchos otros –de cualesquiera antecedentes– solían hacerlo, él no proyecto su pasado en su futuro y al no hacerlo, se encontró con mayor ecuanimidad a donde quiera que fue.

Ambos habíamos venido muy diferentes formaciones, pero ambos terminamos en el mismo punto de libertad que trae consigo el dejar el pasado atrás. Esta libertad que viene de dejar atrás el pasado es relativa a que tanto podemos soltar y la realidad que es nuestro mundo. Por ejemplo, a este hombre se le dijo desde su tierna infancia que experiencias podía esperar en su vida, pero él eligió no aceptar esas limitaciones y se lanzo a descubrir, por si mismo, un auto-sendero. Hasta cierto grado, tuvo éxito, pero aún vivía y operaba en un mundo que era –en gran parte– dominado por otros, cada uno con su punto de vista único de cómo las cosas debían o no ser. El derecho de libre elección de este hombre, por lo tanto, era limitado a su habilidad para dejar el pasado atrás y aún sujeto a las condiciones de ambiente que estaban fuera de su control. Una lección importante para él, y para mí, fue el reconocer este hecho y explorar hacia adentro de esas limitaciones basadas por la sociedad.

Ser libre del pasado es una de mis metas. Estar en un lugar en donde el pasado no me controla más. No he llegado a eso todavía. Todavía tengo que trabajar en eso y reconozco como mi situación actual ha sido creada por mi pasado. Quizá nunca seamos totalmente libres del pasado. Nuestro pasado es nuestra herencia, nuestra historia; es lo que nos situamos en el mundo. Es nuestra identidad, al menos lo ha sido en le pasado. Es como nos asociamos con y nos relacionamos con nosotros mismos y con los demás. No es de este pasado del que quiero liberarme, sino de cómo nuestro pasado nos hace víctimas de nosotros. Es como nuestro pasado nos condiciona para responder o reaccionar en formas predeterminadas, eso es lo que quiero dejar.

Un derivado de parte de mi historia, mi herencia, era el hacerme sentir claustrofóbico y limitado. Al crecer en el Reino Unido, descubrí muchas condiciones que yo sentía estaban tratando de contenerme y llevarme en direcciones que yo sentía no era para mi más alto interés. Si alguna vez haz sufrido de claustrofobia –ya sea asunto físico o sentirse que estás aprisionado dentro de ti mismo– podrás entender como me estaba sintiendo.

Había muchas expectativas, mucha historia. Al menos esa era mi percepción, y –lo que he descubierto desde ese entonces– las percepciones lo son todo. Muchas personas se contentan con su suerte, nunca preguntan ni van más allá. Muchas veces los envidié en tanto la inquietud dentro de me crecía y yo –joven aún– era incapaz de entender qué o por qué esto me estaba pasando a mí.

Traté de hacer mi camino en Inglaterra, hacer lo que se esperaba de mí, aunque no estoy ya seguro quien esperaba que —si de hecho así era. Mi niñez pudo o no haber sido como la de los demás, realmente no lo sé.

Creo que el como percibimos lo que nos pasa de niños es tan importante como lo que realmente nos paso. Dos niños pueden experimentar un crecimiento similar, pero cada uno tiene una memoria completamente diferente de su niñez, ya que cada uno percibió lo que estaba pasando en su propia y única manera.

Nuestro futuro está en parte basado sobre nuestras percepciones del pasado, en las limitaciones auto-impuestas que esas percepciones trajeron consigo, y cualquier concepto que tengamos de quien es quien es lo que realmente crea la percepción.

Nunca tuve sueños acerca de lo que quería ser cuando "fuera grande." No tenía ninguna sensación de donde quería estar a través de los años en el sendero de vida. Todavía no la tengo. Quizá lo que me impulso a buscar algo más allá del marco en el que nací, fue este sentimiento de ser diferente, este sentimiento del no pertenecer. Yo sentía que alguien —o algo— había cometido un gran error en causar mi nacimiento en donde y cuando me había pasado. Yo tenía un fuerte sentimiento el tiempo incorrecto, el lugar incorrecto, hasta quizá el planeta equivocado. Cuando todos estos sentimientos empezaron a aparecer, yo era my joven para ni siquiera empezar a pensar que me cuestionaba las razones de la condición humana aquí en la tierra. Yo sólo sentía que no pertenecía y quería saber por qué y —de ser posible— hacer algo al respecto.

Este sentimiento de ser diferente no era uno de superioridad, sin embargo yo estaba aterrado al ver ambos dramas, el personal y el global desplegándose en mi entorno. Yo simplemente no podía entender la inhumanidad del hombre hacia su prójimo, ni su abuso del planeta. Creo que uno de los regalos más importantes que mi padres me dieron, aparte de la vida misma, fue nunca decir "tú no puedes hacer esto o lo otro." Yo crecí con una fuerte auto-confianza y que yo podía hacer o ser cualquier cosa que yo eligiera. En ese tiempo, esto no era un conocimiento conciente, sólo una forma de ser, ya que no tenía bases de comparación.

A pesar de mis padres amorosos, yo creo que fui traumatizado seriamente en mi niñez. Como niños pequeños, vemos y oímos y comprendemos cosas diferentemente. Muchas veces malinterpretamos una palabra o un gesto, y nuestra mente joven y nuestro cuerpo dependiente tienen su propia forma de relacionarse con el gran mundo que nos rodea. Nuestra forma de interpretar una palabra o un gesto puede ser completamente diferente del intento original. Si una mala interpretación no se detecta y se aclara rápidamente, la memoria puede influenciarnos por el resto de nuestra vida.

La tendencia de los jóvenes es tomar las cosas desde el contexto y darles mucha más energía de la que merecen. Como niños, tenemos la capacidad de exagerar algo que oímos o que vimos fuera de toda proporción. Esta característica comúnmente se carga a cuestas a nuestra vida adulta, donde el condicionamiento del pasado es tan fuerte que la persona retiene una forma particular para manejarse en situaciones de la vida, en lugar de crecer a partir de ello. Al estar así encerrados en el pasado, conduce a ciertos niveles de disfunción en la vida de adulto, de tal forma que el pasado simplemente continúa repitiéndose asimismo.

La edad, la sabiduría y la experiencia me han llevado a la conclusión de que realmente no importa o por qué. Lo que es importante para mi ahora es ver como tomé personalmente lo que me viví en el pasado —ya fuera real o imaginario. A través de los ojos del niño, yo percibí los eventos de cierta forma, me identifique con ellos, los tomé en serio, y consecuentemente, he venido cargando ese "condicionamiento" a mi alrededor, desde ese entonces.

A pesar de esta identificación con mi pasado —o quizá debido a ello— desarrollé una muy buena capacidad de involucrarme totalmente en lo que fuere que estuviera haciendo. Y admito que era muy selectivo en lo que hacia. Sólo me involucré en cosas que no me recordaran de mi pasado traumático (percibido). Esta es una pequeña técnica de sobrevivencia que estoy seguro muchos de nosotros somos expertos en ella. Al preferir la felicidad sobre la incomodidad nos desplazamos hacia lo que nos da placer o lo que encontramos es fácil, y evitamos cosas que nos confronten o nos recuerden un pasado incómodo.

Un efecto lateral de este sentimiento de claustrofobia fue una frustración con tareas que ya no eran un reto para mí. Era como si yo hubiera sido un león enjaulad, caminado hacia atrás y adelante, esperando la oportunidad para escapar, deseando que se dejara la puerta abierta. Cuando eso sucediera, saldría y empezaría a correr, sólo para encontrarme a mi mismo en otra jaula, comprometido en otra tarea que habría descubierto para distraerme de la causa de mi agitación. Me encontraba nuevamente en la jaula, buscando un lugar seguro y confortable. Me tomó algunos años descubrir que nunca podría encontrar seguridad y confort en una jaula de negocios.

Al momento que tuviera una maestría en alguna tarea, me saldría, fuera de una jaula... dentro de otra, en una dirección totalmente diferente, buscando un nuevo reto. Ya que el concepto general de maestría es que toma años, posiblemente vidas para convertirse en un maestro, no estoy muy seguro de haber dominado en maestría ninguna labor. Todo lo que logré hacer fue llegar al lugar que lo que fuere que estuviere haciendo no mantenía ningún interés para mí. Con el tiempo, esto se manifestó en mi mente como desasosiego. Ahora puedo ver que le llamara como le llamara para tratar de entender lo que me estaba sucediendo, lo único que hacía era describir los síntomas. Aún cuando no lo reconocí al inicio, a través del tiempo, se me hizo claro que estaba en la búsqueda, una búsqueda del significado de mi vida.

Todo este movimiento –de un trabajo a otro; de un lugar a otro– da la impresión de que yo simplemente no podía establecerme en nada. Y esto era absolutamente cierto. El león necesitaba ser libre y no podía estar en paz hasta que lo fuera. Algunos vieron esto como debilidad, pero ellos no me comprendían. Como hubieran podido, cuando yo no podía entenderme a mi mismo de lo que estaba pasando y por qué.

Esta sensación no llego al grado de que yo encontrara que Inglaterra fuera totalmente opresiva. Hubo muchas cosas por las que me siento agradecido. Pero por debajo de la superficie, escondido en algún lugar muy profundo dentro de mí estaba el león, y el león quería salir. No tenía nada que ver absolutamente con vivir en Inglaterra. No hubiera importado el sitio donde hubiera vivido. Me hubiera sentido igual. La sensación de estar amarrado continuó creciendo, quizá yo sólo resistía menos y menos, pero el resultado final era el mismo. Salí de Inglaterra en mi viaje hacia el auto-descubrimiento. Mi percepción en ese entonces era que sería mejor para mi auto-descubrimiento si abandonara el pasado –y con ello todo lo que era familiar– dejándolo atrás. Así que me embarqué hacia Australia, y hacia la "libertad" que infiere el anonimato.

Aún cuando este no fue el primer paso que había tomado, si fue uno a mayor escala. Y aún está en proceso vigente. Tomó unos años de vivir en Australia para que yo empezara a trabajar en mi mismo, libre del algunos condicionamientos. Al principio encontré que había dejado una jaula para entrar en otra y me di cuenta que aún estaba buscando la seguridad de lo familiar. Sin embargo, esta jaula era diferente de las jaulas del pasado. Esta estaba en un país donde nadie me conocía y tampoco mi pasado –y mejor aún– a nadie le importaba lo que había sido mi pasado.

Este nuevo lugar me proporcionó mayor libertad, y esto, a cambio, me permitió darme más cuenta de la persona dentro de mí que aún estaba tratando de salir. Me volví más consciente de los viejos condicionamientos, de tal suerte que aún cuando no era libre todavía del pasado, tome consciencia de cómo el pasado tomó forma –y continuaba formando– mi vida. Para muchos de nosotros, nuestras vidas permanecen como un producto de ese condicionamiento temprano, y escasamente lo cuestionamos, ya que representa una parte integral de lo que nosotros pensamos que somos.

Muy dentro de mi había todavía algo que necesitaba ser descubierto, y ese algo continuó presionándome a través de un camino que ni siquiera sabía que estaba en él. Algunas veces me salía del camino –o así parecía– pero mayormente, aproveche todas las oportunidades para viajar , explorar, en busca de respuestas. Parecía que era un corazón nómada, un buscador detrás de cualesquiera respuestas que la vida podía ofrecer. Viajé grandes extensiones a través de Australia. Pasé muchos años en Sudeste de Asia, navegando por el mar, explorando, relacionándome con los oriundos del lugar –todo dirigido a la búsqueda interminable de mi santo grial personal.

Pero me había perdido buscando las respuestas afuera. Por años, viaje, algunas veces perdiéndome en el camino, algunas veces desviándome, ya que invertía mucho tiempo tomándome muy en serio. Tarde o temprano sin embargo, cada camino lateral se desgastaba en si mismo y me regresaba al punto de partida, aún tratando de mi vida hiciera algún sentido. Esta búsqueda externa se mantuvo vigente por muchos años, pero al paso del tiempo, se convirtió en camino per se, camino en donde ya no busque las respuestas fuera de mí.

Desde muy niño, yo he tenido un entendimiento intuitivo sobre las enseñanzas de Budha, aún cuando no tenía de donde provenía este conocimiento. Ciertamente no fue una retrospección derivada de formación en la religión cristiana, ya que mis padres no era particularmente religiosos. Tampoco se trato de una rebeldía, sólo estaba ahí presente, y aún hoy no estoy seguro le por qué estaba ahí ni de donde vino. Mi entendimiento sobre lo que me pasaba era tan escaso, igual que si se tratara de las leyes físicas que hacen posible los viajes espaciales de los astronautas. Es sumamente difícil para nosotros preguntar quienes somos. Es mucha más fácil cuestionar las acciones y valores de otros.

Invertí muchas horas con los monjes en Sri Lanka, conversando pacíficamente con ellos, frecuentemente en temas muy profundos y complicados. Aún me preguntó de donde provino este conocimiento en mí. Nunca pude obtener respuestas satisfactorias y finalmente, sólo tuve que aceptar que yo sabía cosas que las personas a mi alrededor ni les interesaba, ni había oído hablar de ellas. Como resultado de mis viajes a Sri Lanka y Tailandia, mi viaje empezó a dar un giro hacia una búsqueda espiritual. Desde luego, que nunca había sido otra cosa que eso, pero yo era muy joven e ingenuo para saber lo que realmente estaba pasando.

No hice ni he hecho aún mucho estudio formal en las enseñanzas de Budha. No he hecho mucho estudio formal en ninguna enseñanza espiritual. No se trata de que soy –al menos hasta este momento. Sin embargo desde mi mejor habilidad, he tratado de vivir las enseñanzas de Budha y compartir mi entendimiento del Dharma como fundamente de mi vida. Viendo en retrospectiva, ahora puedo observar cuan limitado era mi entendimiento y me siento agradecido hacía aquellos que compartieron su entendimiento –o falta del mismo y por toda la amabilidad que me brindaron. Sé que algún momento en el futuro, veré esa etapa de mi vida y pensaré en lo ingenuo que fui y en las limitaciones de mi entendimiento, y también recordaré como las personas en ese momento fueron lo suficientemente amables para no reírse de mí en voz alta.

La vida es algo asombroso con sus milagros de reproducción y la increíble diversidad de sus múltiples manifestaciones de vida. Para el propósito de este libro, lo más importante de todo es la forma en la que nos relacionamos con la vida misma, la forma en que la entendemos, la forma en que aprendemos a estar en la vida. Como contribuimos al milagro. Que es lo que elegimos y que hacemos con nuestro tiempo aquí.

Lo que más me sorprende es que no parece que hayamos cambiado mucho a través de milenios. Aún tomamos las mismas decisiones; aún sufrimos los mismos conflictos; jugamos los mismos roles y representamos los mismos dramas en la misma forma, y que de hecho, lo hemos venido haciendo hace muchísimo tiempo. Nada en realidad cambia.

Podemos esperar tiempos diferentes, más paz, más armonía, pero como dijo Albert Einstein: no podemos victoriosamente resolver un "problema" desde el mismo nivel de conciencia que lo creó. Cuando habitualmente lo hacemos, nos preguntamos por qué obtenemos más de lo mismo. Una vea que nos damos cuenta de que se están jugando los mismos viejos roles del pasado –sólo con diferentes actores contemporáneos– empezamos a percibir cómo la realidad que se manifestado en este planeta, ha estado aplicando las mismas reglas por mucho, mucho tiempo. No nos queda mucho por hacer, cuando estamos contentos con más de lo mismo en nuestro futuro.

Pareciera que estamos condicionados a creer que la forma para resolver un problema es ya sea que legislemos en su contra, lo alimentemos, paremos de alimentarlo, invirtamos dinero en el, lo matemos o lo ignoremos. Si algunos de estos métodos han sido efectivos en el pasado, seguramente lo hemos venido haciendo tanto en el pasado, que ya no quedan problemas a resolver. Por qué entonces continuamos tratando de resolver los problemas del mundo a través de estos métodos obsoletos –y obviamente, inefectivos? Quizá cuando entendamos por que hacemos esto, percibamos una nueva forma y empecemos a aplicarla.

Las formas viejas para solucionar problemas ya no sirven. Nunca han servido, y nunca servirán. Esto lo atestigua el hecho de que la sociedad moderna está enfrentando los mismos problemas que enfrentaron las sociedades del pasado. Dar de comer al hambriento es bueno, educar a aquellos analfabetos está bien, vestir y dar alojamiento a aquellos que lo han perdido todo está bien. Está bien que aquellos que tienen el dinero provean y ayuden a aquellos que no lo tienen. Sin embargo, sin un una nueva forma de percibir y trabajar con aquello que provoca el desequilibrio en primer lugar, cualquier acto bondadosa está predestinado al fracaso. Si continuamos cercando el problema desde el mismo lugar, nuestra solución realmente nunca lo alcanza, el problema tal cual, tampoco desaparece. Tan sólo habrá necesidad de más comida, más dinero, más ropa, más control. De hecho, sería necesaria una carga de energía sin fin, en sus múltiples formas, tan sólo para empezar a arañar la superficie de los problemas que enfrenta el mundo.

Gente con cierta conciencia social aparecen con sus mejores intenciones cuando buscan algún cambio. Es parte de la naturaleza huma querer ayudar a aquellos menos afortunados que uno mismo. Aún así, sin hacer cambios a un nivel fundamental, esa gente va estar sumamente ocupada por un largo tiempo. Estarán tratando siempre de parar fugas, para prevenir que se hunda el bote, en lugar de buscar dónde radica el problema real. Conforme parchamos una fuga, aparece otra y así continua esto. Quizá haya personas que realmente ven a través de todas las capas hacia la causa raíz del sufrimiento de otros. Al no entender la cause del sufrimiento, la gente puede sentirse impotente para realizar los cambios requeridos. Quizá la tarea sea demasiado grande para ellos, y sólo se resignan para hacer lo mejor que puedan. De hecho ¿hay otra forma de cambiar el mundo?

Yo solía sentirme lastimado y enojarme mucho por todas las injusticias en el mundo con su violencia y abusos. No podía ver y escuchar las noticias en la TV, sin sentirme mal, por lo que eventualmente simplemente dejé de ver la TV. Qué podía hacer para cambiar las cosas? Carecía de las habilidades que se necesitaban, tenía muy pocos recursos, no sabía por dónde empezar. Observaba tanos actos de abuso en tantas áreas, que resultaba difícil elegir una que válido que otro. Seguir mi corazonadas tampoco resultaba útil –tenía muchas direcciones a elegir que como resultado me hacían sentir muy inútil.

Yo observaba a las personas ayudando en esto y aquello, siempre marcando la diferencia, pero en la semana siguiente, ahí estaban de nueva cuenta con lo mismo. Todos parecían estar batallando con el mismo monstruo –el monstruo de la avaricia, el miedo y la ignorancia. No importa que tanto se pueda influenciar a las multitudes manifestantes, el monstruo sólo da la vuelta y ahí está algo más que necesita de tu tiempo y energía. Como el monstruo Hydra, de muchas cabezas, si le cortas una le crece otra más. Cómo podía yo hacer la diferencia?

No es que yo piense que no vale la pena luchar contra el monstruo, pero creo que vale más la pena aprovechar el tiempo en investigar qué es lo que crea el monstruo y trabajar en la disolución a ese nivel.

No se trata de capitalismo, ni comunismo, ni ningún otro "ismo." Todos éstos son manifestaciones del monstruo. El problema –y la respuesta a eso– creo que puede ser encontrada en el corazón de cada persona.

Así, una vez que invertí algún tiempo en sentirme inútil, asumí que, personalmente, yo no podía hacer nada, en virtud de quien yo creía ser en ese tiempo. Más importante aún, me di cuenta, que para que yo pudiera tener un impacto positivo para el mundo, era necesario que yo mismo cambiara.

Reconocí que cada vez que yo apoyaba alguna causa, me convertía en parte del problema. Siempre existia el "nosotros" y "ellos." Entonces si hay un nosotros y un ellos, existe un bien y un mal, y, desde luego, yo siempre me encontraba el lado de los buenos! Advertí que al asociarme con cualquier lado de la causa, realmente apoyaba el conflicto al añadir más leña al fuego, aún cuando estuviera del lado correcto. Ellos tenían sus propias razones que podían justificar, así como yo podía justificar las mías. Hubo dos grupos de personas, cada uno pensando que estaban en lo correcto, defendiendo su posición ante la amenaza a sus valores, quizá hasta pensando que dios estaba de su lado.

El grupo con más dinero o acceso al dinero, más abogados, o más poder es el que frecuentemente gana el argumento. Si ambas parte están en igualdad de niveles, entonces se crea un compromiso. Así es como resolvemos las diferencias en el Siglo 21 y la forma en que se resolvieron diferencias de opinión en la Edad del Obscurantismo no fue diferente, aunque dudo que en ese entonces hubiera muchos abogados alrededor.

En resumen, ya sea que haya catástrofes –o iluminación– estaremos resolviendo nuestras diferencias en la misma forma en el año 3000. Esto no es un pensamiento muy reconfortante.

Me parece que estamos tratando de resolver diferencias que nunca debieron haberse originado en primer lugar; diferencias que son sólo un reflejo de un tumulto más grande que se está formando. Es frustrante entender el proceso que es lo que crea este conflicto externo –esta mentalidad de nosotros y ellos.

Ejercicio

Reflexiona por un momento en la evolución, la historia de la humanidad. De dónde venimos y hacia dónde nos dirigimos? Te has cuestionado alguna vez de dónde vienes? Crees en lo que se ha escrito? Es suficiente la fe en la creencia de otros?

Trata e imagina de cómo fueron resueltos los problemas en el pasado y ve si puedes notar alguna diferencia en como los mismos problemas se están manejando ahora. Siguen siendo aún los mismos problemas? Los estamos resolviendo aún en la misma forma que antes? Ha evolucionado nuestra habilidad para resolver problemas? O no?

2

Nosotros y los Espacios en los que Vivimos

Estoy seguro de que muchos de nosotros estamos conscientes de que las energías invisibles en nuestro ambiente nos están afectando cada momento de nuestras vidas. Algunas de estas energías son bien conocidas, como los Rayos X, los rayos Gamma, y la radiación del sol. Estas energías son una parte natural del mundo en que vivimos y mientras los sistemas se encuentren en estado de equilibrio en –ambos: ustedes y la tierra– estas energías no tendrán un efecto negativo sobre ustedes. Estamos viendo que a ciertas frecuencias de la luz solar en varias partes del mundo, se dice son la causa de cánceres en la piel y esto para mi es una indicador de un sistema fuera de balance, al menos el balance al que los humanos se ajustan. Al ser la especie dominante en el planeta, asumimos un rol de aplicar mediciones y criterios a un balance de un mundo en el que podamos subsistir cómodamente.

En años recientes, hemos quedado expuestos a un cambio de frecuencias electromagnéticas más bajas que nunca antes. Muchas vidas han tenido cambios dramáticos por la disponibilidad inmediata de electricidad que tenemos en nuestros hogares, oficinas e industrias. Cualquiera que tenga un dispositivo para medir los campos electromagnéticos, puede demostrar que la energía de las estaciones eléctricas, las líneas de poder y aún accesorios, no está contenida dentro de los mismos. En ambos: el componente eléctrico y el componente magnético del suministro eléctrico se puede medir el impacto que tienen en el ambiente a cierta distancia de las líneas de poder o en sus mismos derivados.

Existen discusiones recurrentes, soportadas por numerosos estudios, acerca de los efectos que estas radiaciones tienen sobre el cuerpo humano. No es mi intención tomar ningún partido en este argumento. Hace tiempo que dejé de estar tomando nota en todos los estudios. Para mi llego a ser imposible distinguir la realidad y la ficción. La semántica usada en tales reportes estuvo más allá de la habilidad para interpretarlos. Había bastantes "hechos" y cifras, que finalmente apoyaba un punto de vista sobre otro, pero escasamente me hacían sentido. He visto reportes que suportan ambos lados del argumento y, de de tales reportes, no puedo decir quien está en lo correcto quien está en lo incorrecto.

Yo creo que ambos están correctos, que ambos están mal. Cuando la gente se afana en encontrar algo, generalmente tienen éxito. Descubren "hechos" que soportan su creencia. Sin duda, hay sus excepciones, cuando la gente llega a un punto que nunca espero o supo que estuviera ahí, pero no es esto a lo que me refiero aquí. Más bien lo que cuestiono es la validación que hace la ciencia con respecto a una expectativa o conjetura.

Existen múltiples razones por las que las personas eligen creer en un reporte más que en otro, y raramente se les puede cambiar sus mentes. El mundo de nuestras creencias, es un área muy sagrada y emotiva.

Ahora, ha habido incrementos significativos en los niveles y frecuencias de las radiaciones de los dispositivos de microondas fabricados por el hombre, que se han añadido a esta mezcla de sopa cósmica en la que todos vivimos. No hay duda que nuestro ambienta ha sufrido grandes cambios en los últimos 100 años.

Cuando se me introdujo a estos y otras frecuencias que podían impactar en la salud o bienestar de un gran número de personas, supe que este era un paso muy importante en mi camino. En ese momento, no entendí todo el significado de este hecho, solamente sabía que era importante y profundo. EL hecho de cuan significativo puede ser el impacto en el espacio donde vivimos para nuestro bienestar abrió mis ojos a una realidad muy diferente. Este paso eventualmente me llevaría a trabajar con gente, con la tierra y finalmente a la enseñanza.

Más tarde, cuando descubrí que fácil era restaurar el balance de la energía en una casa u oficina, empecé a considerar como podía utilizar este herramienta para ayudarme a mi mismo en remover mis viejas limitaciones, al aplicar y combinar todo esto con mis antecedentes.

Mi introducción hacia el mundo del despeje de espacios ha sido definido en detalle en mi libro *El Momento que Importa*, pero aquellos de ustedes que no estén familiarizados con este libro, lo explicaré brevemente aquí.

Hace muchos años cuando vivía en Australia del Sur, conocí a un hombre que daba talleres en despejar energías de espacios. Esencialmente se trataba de cómo ciertas energías ambientales estaban afectando la salud, bienestar y felicidad de las personas. Hubo algo en este trabajo que me atrajo fuertemente y tomé el taller.

La teoría era fascinante –como es que energías invisibles de la tierra, de campos eléctricos, y aún de eventos ocurridos en el ambiente podían afectar a aquellos que vivían dentro de un rango cercano a tales energías. Encontré muy retador la aplicación de dispositivos para cambiar la energía. Aún cuando los métodos que usamos para restaurar el balance del ambiente parecían ser efectivos, y la retroalimentación de la clientela era muy positiva, no me sentía a gusto usándolos. Me sentía a disgusto con el rol de juez; así como tampoco estaba convencido de que al restaurar el balance, sabía yo qué es lo que hacía. Las personas me veían como el Sr. Reparador, lo cual no me sentaba bien. Empecé a ver como no era sólo la energía del espacio que estaba fuera de balance. Era la relación de la gente en el espacio con las energías que representaban una gran parte del problema que experimentaban.

Durante mis inicios en el despeje de energías en los espacios y consultas, muy pronto me percaté que tan sólo de estar presente, ya estaba afectando el espacio, mayormente de manera positiva. Me tomo mucho tiempo para entender así como integrar esto, pero lo hice. Me aleje de la idea de usar fórmula alguna, objetos, o dispositivos para restaurar el balance en casa y negocios.

También me percaté de cómo las personas para las que trabajé no podían sostener el cambio, y como la energía del espacio volvería a mostrar los viejos patrones sólo en unas semanas después de la consulta. Esto quizá se debía a alguna falta en mí o debido a la parte que el cliente jugaba en crear su propio espacio. Conforme investigué mas, supe que esto último era de hecho el problema. Algunas personas se mantienen buscando sin aceptar ninguna responsabilidad, así que no importa a quien llamen, nada parece funcionar.

Una vez que empecé a trabajar con las energías del medio ambiente en las casas y oficinas de las personas, con frecuencia noté una relación directa entre la energía de la casa y la de las personas que vivían en ese espacio. Usualmente me pareció que la energía en la casa era, en parte, producto de la energía de aquellos que vivían en ese espacio. Esto no siempre aplico en todos los casos, ya muchas veces las personas en la casa parecían ser víctimas de energías que estaban fuera de su control. Pero con más y más frecuencia noté como un estado mental o emocional de las personas que viven en una casa, se reflejan in los campos de energía en los que estaba trabajando. Era como si la energía física, emocional y mental de las personas viviendo en una casa estuviera afectando la energía del espacio alrededor de ellos. Este es ya un conocimiento común para mi ahora, pero al inicio cuando por primera vez entendía la relación recíproca entre ellos, como es que impactamos nuestro espacio y como nuestro espacio nos impacta, fue un avance muy emocionante.

Si te sientes decaído, imagina como la energía circundante en tu espacio se refleja hacia ti. Y como tu espacio pareciera que sostiene tu decaimiento, que difícil entonces puede ser el que encuentres un camino para salir de este estado, cuando te está rodeando todo el tiempo.

Que tan frecuente hemos tenido una sensación cuando nos encontramos en la casa de alguien—puede ser una luz o quizá una sombra pesada o una sensación de felicidad. Estas son sólo algunas palabras que usamos para describir como sentimos el espacio, y como el espacio nos hace sentir. Hay muchos factores a considerar cuando tratamos de trabajar lo que nos hace sentir algo en cualquier ambiente particular– sin mencionar las personas que de hecho residen en ese espacio. Algunas veces la energía del espacio es suficiente para lograr que alguien que viva en el espacio se sienta incómoda. El reto es distinguir cuando eres tú y cuando es el espacio.

En todos los casos que atendí, se me hizo más y más obvio que las personas que vivían en el espacio podían formar la mayor parte del problema. No era siempre la energía del espacio la que estaba causando el verdadero problema a las personas que vivían en esas casas. El problema real era comúnmente la inter-relación que las personas tenían con ambos: el espacio y entre ellas mismas. A la luz de este conocimiento, desarrollé el despeje personal que utilicé asociado al despeje del espacio.

Fue un tiempo muy poderoso para mí, al ver como cada uno de nosotros contribuye al mundo a nuestro alrededor simplemente por el hecho de estar en ese mundo. Nuestro mundo personal se convierte en el reflejo de quienes somos. Todos nosotros afectamos nuestro ambiente conscientemente por lo que hacemos y decimos, pero participamos mucho más y sin ninguna conciencia en forma alguna, de que lo estamos haciendo.

En tanto permanezcamos inconscientes del efecto energético que estamos teniendo en nuestro ambiente, es poco lo que podemos lograr para cambiarlo. Hay muchas formas para tratar de restaurar un mayor balance y armonía en un hogar, y todos pueden tener diferentes grados de éxito. Sin embargo, si los habitantes en sí son los responsables de la falta de balance, no es sino hasta que ellos cambien, que pueda haber una mejora perdurable en la energía de ese hogar.

En tanto este entendimiento profundo de nuestro relación con el medio ambiente creció en mí, empecé a ver que muchas de las razones por las que la gente me llamaba a consulta podía ser detectada por sus propias actitudes o percepciones. Me di cuenta de que la mayor parte de los problemas que la gente creía estar experimentando, se debía más a la relación con ellos mismos, con otros y al mundo externo que con el espacio en sí.

No tengo pruebas fehacientes para constatar esto, de hecho, ni siquiera estaba yo consciente que este intercambio de relación fuera una posibilidad, antes que empezara a estudiarlo. Y al no tener que probarme a mí mismo que esto era así, me facilitó las cosas. Yo soy de una mente bastante abierta y esto me permite recibir la nueva información, jugar con ella por un tiempo, aceptar lo que pueda y dejar lo que no. Esto significa que yo no rehuso la información simplemente por ser algo nuevo o porque no sea comúnmente aceptada como "real."

Así lo que hice fuer jugar con esta nueva forma de ver la vida por un tiempo largo, sin aceptación ingenua, pero con una mente inquisitiva. Recordaba las palabras del Maestro Jesús "a menos de que os convirtáis en niños, no podréis llegar a mí..." La inocencia, apertura, y voluntad para explorar y aceptar pueden ser una sencilla llave hacia la vida eterna. Los adultos tienden a encerrarse en rutinas – formas rutinarias de hacer las cosas, formas rutinarias de ver las cosas, formas rutinas de reaccionar ante las situaciones. Yo he –lo mejor que pueda– evitado un camino, tanto como me es posible, y prefiero estar abierto a todo lo que pueda y explorar lo que venga hacia mi, en lugar de rechazarlo de ante mano.

Antes de haber empezado a estudiar este tema, no tenía idea del impacto tan grande podía tener el ambiente circundante en la salud de la gente. Pero conforme pasaba el tiempo, constate que una de las razones más comunes por la que las personas me llamaban se debía a problemas de salud. Una o más habitantes en la casa podían haber estado enfermos y sin importar lo que hubieran hecho no podían sacudirse el problema. Ellos quizá habían oído de mí mediante algún amigo, y ya en frustración o desesperación me habían llamado para ver si había algo en su casa que estuviera energéticamente causando problemas o contribuyendo a su estado grave de salud. Frecuentemente pude localizar e identificar varias energías en el espacio que desde luego contribuían a la falta de salud que las personas suponían. Esto se manifestaba ser verdad, una vez que se re-establecía el balance en tal ambiente, todo síntoma de enfermedad desaparecía.

Pero no siempre fue el caso en el que el ambiente fuera la causa de enfermedad o depresión en las personas. Aún cuando pude detectar energías en el espacio que pudieran haber causado algún efecto de detrimento en los habitantes, nunca podía determinar que había aparecido primero. ¿Habrían estado ya las energías negativas en la casa antes de que las personas la habitaran y hubieran heredado el problema? ¿O, fueron ellos los que acarreaban ya las molestias al cambiarse? ¿Eras los habitantes de la casa directamente responsables por la falta de balance energético en su hogar?

Estas preguntas no son siempre fáciles de contestar. La relación que tenemos con nuestro ambiente forma gran parte de quienes somos que es bastante difícil detectar que donde inicia una y termina otra. Aún si localizo la energía que asumo es la que estaría causando o contribuyendo al problema de salud en los habitantes, aún así estaban involucradas las percepciones –conscientes o no– de las personas que habitaban la casa. La relación de la persona con la energía en ambos sentidos, interno y externo era la llave al cambio.

La mayoría de las personas no se han percatado de esta conexión, tal como yo no lo había notado antes de haber investigado el fenómeno. Ni siquiera habían considerado como lo que ellos sentían podía también haber sido estimulado o causado por las energías en su medio ambiente o de que sus sentimientos estaban influenciando dichas energías. Es algo que en general las personas no tienen contemplado. Pero la inconsciencia no quiere decir que no nos veamos afectados. Esto sólo significa que no sabemos la razón por la que sentimos cualquiera que sea la sensación que estamos teniendo. Constantemente estamos cambiando, influenciando, afectando nuestro medio ambiente, y lo hacemos mayormente sin darnos cuenta, –inconscientemente– sólo por ser como somos. Y a cambio nosotros somos afectados por dicho ambiente cada momento del día, generalmente en formas muy sutiles y pueden y de hecho, se acumulan a lo largo del tiempo.

Ya he concluido que para cambiar nuestro mundo, primero necesitamos cambiar nosotros. Y este hecho me ha enseñado que tanto impacto cada uno de nosotros damos al espacio que habitamos, y como –literalmente al cambiar nuestra mente– podemos cambiar la energía de ese espacio.

Este concepto puede no ser tan fácil de captar para alguien que se encuentra cautivo en las limitantes de la personalidad, pero con un poco de guía y voluntad para abrir la mente, se vuelve obvio y simple. Es tan simple que se vuelve difícil para las personas comprenderlo, ya que vinimos de un mundo que sopesa la complejidad y sopesa el acto de hacer... un mundo que cree que entre más compleja es la acción, más poderoso es el resultado.

La llave al cambio era ahora tan obvia que no había lugar a dudas. Y ahora, he encontrado herramientas que puedo utilizar en el trabajo, herramientas que puedo compartir con otros, herramientas que fueron más tangibles que las palabras y los conceptos.

Este cambio del ser, sin embargo ha sido más duro de lo que yo había pensado. De hecho, si hubiera sabido de antemano lo difícil que sería, quizá nunca hubiera empezado el camino.

No, eso no es verdad. Nunca hubiera podido detenerme, tanto como no pude dejar de respirar. No pude ni siquiera pensarlo dos veces, porque aún cuando se nos amenace de riesgos en el camino por venir, aún tenemos que constatar por nosotros mismos cuales son dichos peligros. Los afrontamos y seguimos adelante –o no– pero es la vida que nos toco lidiar. En mis talleres, trato y ayudo a que las personas cobren consciencia de los retos que pueden afrontar; ellos sonríen y asientan y después se olvidan de todo lo que dije y deciden proseguir su aprendizaje a través de su propia experiencia. Esto está bien, es como debe ser, ya que no aprendemos a través de la experiencia de otros; no podemos aceptar las lecciones en fe para ser aprendidas, más bien hay que encontrarlas por nosotros mismos.

Pero el camino hacia el cambio del ser, es una parte maravillosa. En tanto que dices lo dicho y caminas el camino, descubres tanto acerca de ti mismo... tu relación contigo mismo, tu relación con otros, y el mundo que te rodea en el que ya nunca puedes ser el mismo que inicio este camino y ni lo deseas. En tanto que descubres que tan increíblemente poderoso eres, como comprendes —quizá por primera vez— lo que tus pensamientos, palabras y acciones realmente influyen el mundo que te rodea, tu vida cambiará por completo. Entonces puedes ver que hay otras formas para resolver tus problemas y los problemas del mundo —ese camino de un corazón valiente, algunas veces llamado el corazón inmaculado. Este es un camino para comprender y compartir, un camino que es ambos: simple y poderoso... no puedes entender por qué no lo recorriste antes.

Este libro trata de mi camino a seguir, de otros que igual a mi han descubierto o están descubriendo el poder de una corazón compasivo. La gente está practicando en silencio esta forma de ser cada momento de subida en cada situación que viven y están descubriendo la enorme y sorprendente diferencia que hace— no solamente en sus propias vidas, pero en las vidas de su familia y amigos y su ambiente global y personal.

Para entender mejor como y por qué somos lo que somos, sería conveniente tener un punto de vista diferente de nuestros orígenes– de dónde vinimos, y cómo se sostiene esa percepción.

Aquí, les recuerdo que no crean ni una sola palabra de lo que digo. Esto solo es una historia –mi historia.

Ejercicio

¿Has notado cómo te sientes bien en algunos lugares y en otros no tan bien?

¿Sabes a qué se debe esto?

¿Se debe a las personas en el ambiente, o es el ambiente mismo?

¿Puedes distinguir la diferencia?

¿Qué es lo que otras personas o el ambiente afectan el modo de sentirte?

Practica estar consciente de los cambios en tus sentimientos cuando la gente a tu alrededor cambia… en casa, en la oficina, en tu vida social.

¿Por qué algunas personas se sienten maravillosamente en un bosque y otras en la ciudad?

3

¿Por Qué Somos lo que Somos?

Aceptamos mayormente que somos nuestra personalidad. Es algo con lo que nacemos, algo que evoluciona como resultado de nuestro condicionamiento social y nuestra experiencia personal. No cuestionamos la validez de esta personalidad. Sin embargo si alguna vez cuestionamos quienes somos, la pregunta estará limitada por la consciencia de la personalidad que hace la pregunta. Pareciera ser que no puede ser de otra forma.

¿Cómo podemos siquiera empezar a contemplar preguntas que están fuera de nuestro ser, fuera de nuestro rango de experiencia; fuera de nuestro punto de vista común? Si importar que apertura mental consideremos tener, sólo podemos hacer preguntas que se formulan desde el interior de nuestra personalidad.

Para darles un ejemplo, ante de introducirme al trabajo con las energías del ambiente, nunca hubiera se me hubiera ocurrido cuestionar mi relación con mi ambiente. Este paquete de quien era yo en ese entonces, o sea mi personalidad, no pudo realizar la pregunta porque no estaba consciente. Conforme evolucionó, en parte debido a una apertura mental inquisitiva, se volvió consciente e hizo la pregunta.

Sin embargo, para entender la naturaleza de la personalidad, como se conforma, de donde viene, como se sostiene, etc. es el primer paso hacia la liberación de limitaciones impuestas por nuestra identificación con dicha personalidad. Sin embargo aquí podemos perdernos en una situación compleja. ¿Cuáles son las limitaciones a las que nos referimos? ¿Por qué necesitamos liberarnos de ellas? A menos que nos demos cuenta de cómo nuestra vida es controlada por una asociación con nuestra personalidad, no existirá ningún deseo de liberarnos de dichas limitaciones. Hasta que tomemos un primer paso hacia esa consciencia, no existe una necesidad aparente para tomar ningún paso.

Nos asociamos vehementemente a gustos o aversiones, pensamientos y sentimientos, ideas, metas, juicios, recuerdos y experiencias. Todas estas cosas, estas partes, estos pensamientos, creencias y sentimientos conforman la personalidad que creemos somos nosotros. Existe el cuerpo, desde luego, el templo, el vehículo en el que mora la personalidad que erróneamente también creemos ser.

La mayoría de nosotros nos identificamos totalmente con el cuerpo físico tanto que –si tan sólo por un momento– pensamos que no es eso lo que realmente somos, nos parece ridículo. Aún si queremos cuestionarnos esta antiquísima percepción de que somos un cuerpo, que somos la personalidad… debemos tener un punto de partida, un marco e referencia. Necesitamos un lugar seguro para que una vez que empezamos a ver que no todo es lo que parece, podemos recurrir a una zona segura para guarecernos, un sitio familiar para abastacernos.

En tanto nos mantengamos fuertemente asociados con el cuerpo y la personalidad como lo que somos, entonces los problemas del mundo –si es que de hecho existen problemas con el mundo– se reducirán a conceptos e imágenes con los que la personalidad puede tratar. Al disminuir los asuntos a algo que sea manejable, intentamos arreglar los problemas desde nuestro entendimiento y habilidades de nuestra personalidad.

Es de ahí, a mi parecer, donde radica el problema real. Estamos tratando de arreglar algo que quizá hayamos o no quebrantado, basándonos en nuestras percepciones de bueno y malo, correcto e incorrecto, e imponemos nuestra voluntad para arreglar el problema. Nuestra voluntad que está basada en la personalidad, difícilmente se encuentra en la posición de evaluar lo que es mejor para otro, cuando vagamente puede cuidarse a si misma. Si nosotros, personalmente, no subido al árbol para ver el entorno de percepciones humanas limitantes, entonces es poco probable que esperemos que seamos capaces de ver una imagen más amplia del bosque. ¿Y si no vemos una imagen más amplia como es posible que queramos que los demás vean el cuadro?

Sin embargo es característico de la naturaleza humana tratar de arreglar los problemas de los demás, mientras ignoramos nuestros propios asuntos personales. Al externalizar el problema en otros, evitando ver el tuyo propio. Es mucho más fácil tratar de corregir la falta de balance in las vidas de otros que hacerlo en la nuestra.

Pero, ¿Quién o qué es la personalidad? ¿De dónde viene? ¿Qué la creo?

Comúnmente se acepta que nuestras formas físicas son producto de la unión del esperma y el huevo, una milagro por si mismo. Un bebé humano es concebido y nace en el mundo. También se sostiene que las características del bebé son resultado de los genes de los padres; cada bebé es física, emocional y mentalmente único. Lo que hace a un bebé único es la combinación de muchos factores –los genes de los padres, el estado emocional y mental de los padres en el momento de la concepción y durante el embarazo y muchos otros. A mi parecer, la memoria genética llega hasta la explicación de quienes creemos que somos. Hay muchos otros aspectos no tan ampliamente aceptados, por ejemplo, la posibilidad de una memoria álmica, que más tarde introduciré como medio para tratar de explicar la singularidad de los individuos desde otra perspectiva.

Mi hermano, mi hermana y yo vinimos todos del mismo origen genético, nuestros padres, pero cada uno de nosotros es tan diferente como es el queso del gis, tanto física, mental y emocionalmente. Si fuera simplemente un asunto de genes, cualquiera podría esperar que fuéramos más parecidos. Quizá la memoria álmica tenga algo que ver con las marcadas diferencias.

Más adelante podemos explorar como la memoria tanto genética como álmica puede trasmitirse de generación en generación y el impacto que esto tiene en un bebé. Debe aclararse sin embargo, que, en gran medida, somos el producto de la experiencias de nuestros padres y que ellos, asimismo fueron producto de la experiencia de sus padres también. Esto era, hasta muy recientemente, la creencia general, y no hay duda que aún existe en muchos círculos.

Si la historia genética fuera el único facto a ser tomado en consideración, aún debe considerarse que somos producto del pasado y no podemos ser nadie más. Pero no es así. Tal como el Dr. Bruce Lipton, nos dice que hay mucho más de lo que somos que la anteproyecto de la memoria genética: "ahora se está reconociendo que el ambiente y más específicamente nuestra percepción (interpretación) del ambiente, controla directamente la actividad de nuestros genes."

Al reconocer que nuestros genes pueden ser afectados por nuestro ambiente, abre la puerta a percepciones muy interesantes. Sin mencionar que esto es una confirmación de mis hallazgos de la relación que existe entre la gente y su ambiente, y como somos afectados por el llamado fenómeno "externo."

Aún así, todavía queda espacio para la historia genética a fin de ayudarnos a entender quienes somos, de donde vinimos y posiblemente, hacia donde vamos.

Durante algunos de mis viajes, reconocí que estaba experimentando algunas aventuras a nombre de mi padre. Yo hacia cosas que el había querido hacer, pero que dadas las circunstancias, no le había sido posible. El estaba viviendo a través de mí. Este hecho no me causo ningún trastorno. No era como si yo estuviera separado de mi mismo de la vida que estaba viviendo, aún si así lo hubiera deseado. Después de todo yo me sentía ser yo mismo. De hecho, fue una parte muy importante de mi búsqueda de mi mismo; simplemente emergió como un aspecto no vivido de la vida de mi padre también.

He llegado a la comprensión de que no viví esto por mi padre, bien podría haber pasado esta memoria a mi hijo, y entonces el hubiera tenido que decidir vivir esa vida o no. Yo elegí vivir esa vida. Sentí que me venía bien y la jornada que decidí llevar a cabo y el hecho de que pude ayudar a mi padre fue una gran gratificación. Yo estaba consciente de que esta parte pequeña de mi vida no era totalmente mía, sin más bien una combinación de deseos – los de mi padre y los míos. ¿Había algo más de lo que no estuviera consciente? ¿Qué tantos aspectos más de la vida que vivo pertenecen a otras personas –mis ancestros, que viven a través de mi? Tengo la sensación de que hubo o hay mucho más vivencias de mis padres a través de mí, de las que estoy consciente, pero nunca podría asegurarlo.

Resulta interesante como la idea de que nuestro ambiente que afecta nuestros genes nos abre y fortalece la conexión mente-cuerpo que es la parte en la que nuestras percepciones juegan a crear nuestra visión del mundo. Aún cuando no había sido afectado al grado que yo pensaba por la contribución genética de mis padres en mi vida y subsecuentes auto-percepciones, si estaba aun afectado por sus pensamientos y sentimientos. Estos eran mi herencia tanto como sus genes.

Pero aquí hay alimento para la mente al preguntar ¿que proporción en cualquier vida, vive o completa aspectos de su pasado genético, mental o emocional?

La mayoría de nosotros pasamos nuestras memorias a nuestros hijos sin estar ni remotamente conscientes de ello. Existe la creencia frecuentemente de que los hijos mantendrán el linaje, que obviamente es cierto. Pero hasta que grado damos a nuestros hijos un reflejo de lo que somos y ¿Qué significa esto? Nosotros nos identificamos y nos perdemos tanto en el drama personal –esa rol que estas jugando– que es muy difícil salir de ese drama y vernos a nosotros mismos objetivamente. No se trata de una crítica, no es bueno ni malo, simplemente es naturaleza humana estar tan involucrados en el drama.

Veamos al bebé en el vientre todavía, creado por sus padres. Si mi entendimiento está en lo correcto, acerca de yo he vivido "algo" de la vida de mis padres, eso fue programado en el bebito que era yo, desarrollándose antes de nacer. Parte de mi dice "como puede ser de otra manera", pero hay aún muchos niveles, muchas otras posibilidades aún por explorarse.

Ente más exploramos nuestros orígenes y qué es lo que nos hace percibirnos como somos, más nos abrimos al concepto de la conexión mente-cuerpo. A mayor entendimiento de la naturaleza de la mente, mayor la dificultad que tenemos restringir la mente hacia un dado tiempo o lugar. No hay nada nuevo acerca del concepto de una mente no-local, como la mente no es confinada a tiempo y espacio… pero lo que me interesa es lo que podemos hacer con esta información, y hacia donde nos puede lleva. Ciertamente agrega una nueva dimensión a las genéticas, que veremos desde diferentes ángulos en los siguientes capítulos.

Cuando el niño nace, ya trae consigo cierta información que le ha sido pasada por sus padres, a través de sus genes o posiblemente alguna otra conexión no física. Esta herencia va influenciar el desarrollo del niño en muchas formas, por ejemplo, al ayudar a crear gustos y aversiones; establecer los principios de un paquete de valores y juicios pre-programado, así como algunas actitudes y aptitudes. Esto es el fundamento para la personalidad única que tú eres y serás.

Tú naciste con el programa que incluía tus atributos físicos. También naciste en un área particular, en un país particular. Aprendiste un lenguaje con el que creciste y te identificaste. Quizá hayas tenido un grupo étnico particular con el que te asociaste y seguramente un grupo social, un grupo financiero y quizá un grupo político y posiblemente también una afiliación religiosa. Todo esto –heredado de tus padres y de tu sociedad inmediata– ha contribuido a formar lo que percibes como lo que eres ahora.

Así que ahora tienes un vehículo, un cuerpo experimentando la vida por ti mismo. Este cuerpo viene con memorias ancestrales, su condicionamiento genético basado en el pasado y, a través del tiempo ha desarrollado asociaciones con sus condiciones sociales y ambientales.

A fin de ayudar a visualizar como ciertas memorias –que pueden mantener asuntos ancestrales y de otra naturaleza sin resolver– pueden influenciarnos. Yo generalmente me refiero a este tipo de memorias como cargas. Esta "carga" es similar a una carga en una batería –negativa y positiva– pero en el sentido de es buena o mala. Se trata solo de información que está guardada y todavía tiene que liberarse o equilibrarse.

Sin embargo, al usar la palabra "carga" nos ayudará a entender como podemos ser víctima de memorias no resueltas. A mayor carga, mayor fuerza e intensidad en nuestra asociación con la memoria y más vulnerabilidad a ser víctimas de esa información sin que estemos necesariamente conscientes de lo que está pasando.

Yo creo que es muy probable que se venga a esta vida con memoria álmica –para mejor describirla– que quizá tenga su propia carga y que influenciará tus gustos, aversiones y decisiones. Este concepto de memoria álmica puede ser una monserga. Algunas personas lo aceptan fácilmente, con o sin cuestionamientos acerca de su validez, mientras que las creencias de otras personas no se permiten ni siquiera considerar la idea de memoria álmica. Yo la usaré, como lo mencioné anteriormente, para abundar en mejor descripción, y tratar y explicar ciertos fenómenos que de otra forma, serían inexplicables.

El pequeño bebé se verá afectado por su ambiente y aquellos en ese entorno, padres, hermanos y otros familiares, amigos de la familia y estas personas formaran por años –consciente o inconscientemente– la vida del infante. Recuerden que aquí estamos viendo en conjunto dos "paquetes" de información: la información genética de los padres y ancestros del niño y la propia memoria álmica del niño.

Nuestra historia genética nos da el cuerpo físico y todos sus atributos, incluyendo alguna memoria mental y emocional. La memoria álmica bien puede darnos un sentido de propósito y otros aspectos que no son tan fácilmente explicados por la genética. Por ejemplo: ¿de donde vino mi conocimiento intuitivo acerca de las palabras del Buddha? Hay muchas posibilidades de las que estoy consciente y muchas más de las que no estoy consciente.

Vamos a tener que desviarnos un poco para entender mejor estas posibilidades.

Puedo entender que mucha gente que esté leyendo esto, va a tener cierta dificultad en aceptar el concepto de una memoria álmica… más aún habrá quien se cuestione esta idea. Yo me considero haber sido siempre una persona de mente abierta, que no le cerró la puerta a ninguna información por el simple hecho de que pudiera sonar rara o ridícula. Yo simplemente no acepto todo lo que me digan, pero me mantengo abierto –en un terreno neutral– sin descartar información sólo porque no se encuentre en boga.

El hecho de que las ideas simplemente no sean sostenidas por la mayoría, no quiere decir que esas ideas no sean válidas. Yo siempre he deseado decidir en la validez de las creencias, conceptos e ideas, por mi mismo, ya que pueden aplicarse a mí. Para mí fue importante no influenciarme por la mayoría y creer en lo que todos creen, ni excluir la información que no era aceptada por la mayoría.

Yo puedo ser, lo que se llamaría un pensador libre, y esto me ha ayudado a sortear las ideas y conceptos, evaluarlas al explorar, cuestionar y aplicarlas y entonces… ya sea aceptarlas o simplemente dejarlas ir. Esto nunca es sencillo, nunca sólo negro o sólo blanco, y yo simple tomo un poquito de esto y otro poquito de aquello. Si en su momento hizo sentido y fue válido, si fue añadido a mi conocimiento y mi sabiduría, fantástico! También reconozco que en tanto vamos entendiendo más o con más precisión, en tanto cambiamos y crecemos, las ideas los conceptos que una vez sirvieron, pasan de largo para ser reemplazadas por otras ideas y conceptos. No podemos colgarnos del pasado, ya que la única constante que he descubierto en este camino del ser, es el cambio. Hay tantos problemas personales y globales que emergen por la falta de comprensión de este concepto del cambio… personas tratando de forzar un cambio en ellos mismos o en otros o gente que se resiste al cambio.

Al tratar de mantenerme abierto, puedo abrirme a la posibilidad de una realidad muy diferente a aquella que la mayoría de las personas experimentan. Al hacer mi mejor esfuerzo para estar consciente de estar abierto, puedo darme cuenta —en diferentes grados— como hago o no juicios acerca de cómo se presentan las realidades. Es muy difícil para mí ser totalmente objetivo acerca de las realidades que se presentan, porque el cuadro completo no aparece. Hago lo que puedo con lo que tengo en el momento dado.

No es que acepte todo lo es llamado "temas raros", sólo porque están por ahí. Mucho de ello lo escucho, otro lo archivo, y si hay necesidad de traer alguna referencia para usar dicha información, lo hago, pero de lo contrario, simplemente se mantiene guardado. También es verdad muchas de las historias que me cuentan, no las tomo seriamente, ya que las historias que provienen de una personalidad dominada por el ego pueden sonar interesantes, pero es muy probable que tengan un valor real o exista alguna verdad en ellas. Ya que es muy difícil para una persona que anda perdida en la identificación de la personalidad, que sea objetiva. Las experiencias que relatan de cualquier tema que hayan experimentado siempre serán relatos muy subjetivos.

Al alcance de mis habilidades —dado que yo también ando perdido en el drama e la personalidad— discrimino y trato de ser lo más objetivo posible, para manejar la información, seleccionar lo que parece válido o me sirva para ir avanzando, y entonces, descarto el resto. Y como comenté anteriormente, de hecho nosotros cambiamos y lo que antes fue válido pudo haber servido a su propósito y es necesario dejarlo ir para permitir que llegue algo nuevo, algo diferente que tome su lugar.

Si te rompes una pierna, una muleta te ayudará a moverte alrededor hasta el hueso sane y puedas caminar nuevamente sin ayuda; no vas cargando la muleta por si acaso te vuelves a romper la pierna. Esto aplica también a los conceptos, a la información. Se usa, se aplica, pero no es conveniente colgarse de ello, ya que verdad es relativa.

Esta retroalimentación sólo es para explicar por que acepto la posibilidad de la memoria álmica ya que es útil en este segmento de tiempo y prevalecerá hasta que llegue una realidad más grande. Yo no acepte el concepto de memoria álmica sin cuestionamiento. Aún cuestiono la validez, posibilidad de que sea verdad. Hay otras formas factibles para explicar cosas de las que estamos conscientes… información que tenemos sin haberla adquirido conscientemente… habilidades que parecen ser una parte integral de nosotras y que la genética no puede explicar.

Si en verdad hemos desarrollado la habilidad para cuestionar todo lo que nos rodea; todo lo que se nos dice; todo lo que leemos, es muy probable que retengamos muy poco como una verdad aplicable a nosotros. Si la gente –incluyendo a los científicos– hace preguntas, las hacen desde un punto de referencia a su personalidad y mayormente encontrarán aquello en particular que están buscando. Tal vez nos lancemos en busca de la verdad, lo que sea que eso signifique para nosotros en un momento dado, pero la respuesta a cualquier pregunta tiene que ajustarse a nuestra visión actual del mundo, de lo contrario no habrá ningún registro en el radar de la pantalla mental. Al extrapolar nuestra visión del mundo, nos abrimos a mayor flujo de información –aunque no necesariamente la verdad– pero muy posible más cerca de la verdad que anteriormente.

Veamos memoria álmica…

Que explicación podemos dar cuando un niño muy joven toca el piano extraordinariamente, mismo que no registra historia alguna de herencia genética de talento musical. ¿Cómo podemos explicar tendencias y habilidades que nunca se han mostrado en el pasado familiar anteriormente? ¿Cómo explicar mi conocimiento intuitivo acerca de las enseñanzas de Buddha? ¿Cómo explicar la diferencia entre mis hermanos y yo? Mi hermano parece haber nacido con una demora de 150 años, ya que posee un conocimiento intuitivo de un vaquero de los Estados Unidos de América. ¿De donde vino eso?

Es probable que todos hayamos venido con un chip si eso es posible– para tener acceso a cierta información o habilidades. Y, si continuamos en el camino abiertos y cuestionando, entonces tendremos que preguntar –en algún momento dado en este camino– si hemos sido programados con un chip y entonces… ¿Quién lo hizo? ¿Y, por qué?

Si la respuesta es Dios, es la respuesta fácil, dado que es un acto de fe aceptando el concepto. Y aún así, habiendo aceptado la mano de Dios introduciendo el chip, queda sin responder la pregunta del por qué. ¿Por qué yo entiendo las enseñanzas de Buddha y mi hermano entiende las enseñanzas del viejo oeste? Si la idea de una hardware es correcta, aún le resta otra pregunta: ¿Hardware dirigido a hacia dónde?

Yo tengo ciertas ideas al respecto, pero me va a tomar un tiempo explicarlo.

Aún el concepto de la memoria álmica requiere que:

- Creamos en la idea de que existe un alma
- Creamos que la vida ha tenido experiencias de las cuales el alma guarda la memoria y que traslada a

otras experiencias. Esto entonces implica que hemos tenido "otras" vidas y que nos introducimos en el área de la reencarnación, un juego de pelota totalmente nuevo acerca del cual las personas guardan estrictos puntos de vista.

Yo simplemente creo que hay un alma, que esta alma no se limita a un cuerpo físico y que el alma puede tener memoria. Esto explica muchas cosas, y, hasta que no aparezca una mejor explicación, esto me es suficiente.

Tengo cierta dificultad en aceptar la idea de "vidas pasadas". Aún cuando sin un entendimiento comprensivo de nuestra verdadera naturaleza, encuentro difícil crear argumentos en contra de esta idea. Si existe tal cosa como "vidas pasadas" entonces podría explicarse ciertos fenómenos que he experimentado. Sin aceptar el alma, ¿qué es lo que perdura de una vida a otra?

El cuerpo nace, pasa algunos años en el planeta y muere. Si eres un cuerpo, al morir, cae el telón. Si consideras que tú eres la personalidad, los conceptos heredados por la memoria genética de tus ancestros, el cuerpo, como vehículo que da la oportunidad de vivir la experiencia en el planeta Tierra, también esto morirá algún día. ¿Qué le sucede a quien tú pensabas eras tú?

Quizá tengas niños, y ellos heredaran la genética y quizá lleguen a tener sus propios niños… pero ¿Qué pasa contigo? Si te has preguntado seriamente acerca de tu existencia de tu cuerpo físico, debe haber habido momentos en que te preguntaste ¿Quién carambas soy? Un cuestionamiento serio no significa tomar las palabras y enseñanzas de otros de viva fe y situarse en un estado de ensoñación.

Un cuestionamiento serio descarta toda previa información que se haya aceptado por la verdad, ya que la verdad siempre es relativa. Al cuestionar, se ábrela puerta para permitir la entrada a otra información, sin aceptar todo lo que emerge a la consciencia; sólo te abres a más posibilidades.

Llámase como se llame, pero como necesitamos algún lenguaje que nos asista a entender, podemos situarnos en la idea de una memoria álmica por ahora. Estas ideas de ambas: memoria álmica y el hardware o chip integrado, quizá tomen más –o menos– sentido en tanto vamos trabajando en ello hacia un mayor entendimiento de quienes somos; de donde vinimos; y posiblemente, hacia donde nos dirigimos.

Pareciera ser que somos creados dentro de una forma física de bebé con una carga o información de nuestros ancestros. Al dejar nuestros ancestros asuntos sin resolver, bien puede suceder que esta carga no resuelta pase a través de nuestros a nosotros. Esta carga de información transferida puede incluir enfermedades y el estado de salud mental y emocional. Quizá nuestros ancestros sostenían un patrón de creencia particular durante un periodo de tiempo, que era auto-limitante y auto-destructivo, y se encapsulo en la memoria genética.

Si se añade lo anterior a la memoria álmica, se vuelve acumulativamente difícil resolver lo que realmente es tuyo. Y no olvidemos que nuestras percepciones pueden estar influyendo en nuestros genes, reforzando o reduciendo memorias ancestrales. Una de las intenciones de este trabajo es demostrar que mucho de lo que piensas que eres, no tiene nada que ver contigo. Es sólo lo que tú crees que eres…hablando de las percepciones nuevamente.

Ejercicio

¿Por qué somos quienes somos?

¿Pueden tus experiencias ser responsables por todo lo que sabes y todo lo que eres?

¿Puedes ver como tu historia genética ha creado lo que crees que tú eres?

¿Eres diferente de otros miembros de tu familia más cercana? ¿Puedes explicar esta diferencia?

Sin que esto signifique juicio alguno, has comparaciones entre tu mamá, tu papá y tus hermanos. Para algunos todos significan chícharos de una misma vaina, para otros, existen diferencias significativas.

Sin ejercer presión en tiempo y energía, sólo toma nota cuales son tus diferencias. Si no encuentras diferencia… ¿cómo las puedes explicar?

4

¿*Reaccion o Respuesta?*

*H*emos explorado brevemente diferentes vías a través de las que la información se concentra y se introduce al cuerpo para crear la forma y personalidad que eres tú. Ahora podemos dar un vistazo a como esta información puede ser reforzada.

Lo que parece ser una parte perfectamente natural de la condición humana, es asociar e identificarse con los pensamientos y sentimientos que emergen en la consciencia/cuerpo del individuo. Cuando un pensamiento surge en tu consciencia, piensas que es tuyo, porque esta pasando dentro de ti. Estás condicionado a pensar que debe ser tuyo. Cuando una emoción emerge en tu consciencia, también la identificas como tuya, porque está procesándose en tu corazón, dentro de tu cuerpo, por lo tanto debe ser tuya. ¿A quien más podría pertenecerle?

"Yo estoy sintiendo esto… estoy sintiendo aquello… me siento contento, me siento triste… me siento enfermo… me siento cansado, por lo tanto éste es mi sentimiento";

"estoy pensando, esto... estoy pensando aquello... por lo tanto, este es mi pensamiento."

Hay una máxima que dice "en aquello que piensas, en eso te conviertes". Y recientes descubrimientos en el campo científico, así como en el campo de la medicina parecen confirmar eso.

La Dra. Candace Pert, presenta en su libro *Biology of Emotion* (*Biología de la Emoción*) un forma diferente de percibir quienes somos y como nos convertimos en lo que somos. Ella comenta que cuando tenemos un pensamiento o un sentimiento, hay una estimulación eléctrica asociada al cerebro. Esta tormenta eléctrica crea una reacción en el cuerpo, el cual a cambio, produce neuro-péptidos y amino ácidos. Así que el cuerpo de hecho produce químicos asociados con ciertos pensamientos y sentimientos. Entre más nos asociamos con estos pensamientos o sentimientos, se produce mayor cantidad de químicos en nuestro cuerpo. Esta explicación resulta muy simplista de lo que realmente sucede, pero de hecho establece la escena sobre la cual podemos crear una nueva imagen de lo que está pasando dentro de nosotros las 24 horas del día.

Estamos condicionados por nuestro pasado y, dado la naturaleza de ese pasado, continuamos reforzando esos viejos patrones, y más aún heredándolos a nuestros hijos. Es posible que hayamos pensado que un bebé recién nacido, no tiene pasado, pero tenemos que recordar que hay que tomar en cuenta la genética y la memoria álmica. En un alto grado, este pasado dicta como reaccionaremos a cierta información que se presenta o surge en nuestra consciencia. El cuerpo del bebé y su personalidad asociada es realmente el fundamento del cual surgirán todas sus experiencias subsecuentes. El modo como el niño alterne con los eventos de su vida, plasmará la forma en la cual el niño se desarrollará, y lo que sea que le pase al niño, influirá en su vida futura y generalmente de manera profunda.

Cuando el niño constantemente se identifica con los pensamientos y los sentimientos que surgen a su consciencia, se desarrollan las rutas neuronales –conexiones de la red de neuronas del cerebro-. Un pensamiento particular crea una conexión particular neuronal y cada conexión neuronal produce ciertos químicos asociados con esa conexión, pensamiento, o sentimiento dentro del cuerpo.

Y ahora, la máxima de: "en aquello que piensas, te conviertes" se puede demostrar en reacción química del cuerpo. Si yo llegará a sentir náuseas, asociaría la causa de este sentimiento a algo que comí. Esta es una forma tradicional de alternar con un sentimiento o pensamiento pero, aún cuando éste sea el caso, no necesariamente es la mejor forma, como veremos más adelante.

Nuestras innumerables investigaciones a través de los talleres, ha demostrado que una nausea puede no tener nada que ver con lo que se comió, quizá la haya provocado un fenómeno externo: energías de la tierra, radiaciones electromagnéticas, la energía emocional de otros, etc. En tanto nos consideremos como personas separadas, individuos aislados, que no se conectan de ninguna forma con el ambiente externo, es muy difícil siquiera empezar a aceptar que podemos ser influenciados por el medio-ambiente.

Tenemos un ejercicio en los talleres que demuestra la relación que tenemos con la energía de la tierra, campos electromagnéticos y otras energías. Las personas se sientan en grupos separados y se mantienen quietos. Entonces, empiezan a notar lo que están pensando y sintiendo. Sólo podemos notar cambios en los pensamientos y sentimientos si empezamos a estar conscientes cuando surgen nuestros pensamientos y sentimientos.

A través de la conscientización y un corazón compasivo abiertos, es posible que podamos asistir a otros para la liberación de algunas cargas que puedan tener en su sistema. El efecto de esa liberación es similar al que se tiene al arrojar una piedrecilla a un estanque de agua quieta creando ondas concéntricas y temporalmente cambiando la superficie del agua. Sólo que en lugar de ondas de agua, son ondas emocionales cambiando momentáneamente la energía del espacio. Se ha liberado o transmitido una señal de que hay información, la que interpretamos como emoción. Este movimiento sinuoso de la emoción afecta el estado del ambiente inmediato suspendido en un momentum del tiempo. Si las otras personas en dicho grupo se han aquietado lo suficiente y han desarrollado la habilidad de observar, podrán entonces notar este cambio en el ambiente –mismo que es muy breve, así que requiere que estén muy enfocados.

Cuando la onda de la emoción que se ha liberado pasa a través de la consciencia de los observadores, cada individuo experimentará un cambio momentáneo en lo que está sintiendo. Frecuentemente, al menos 60% de los observadores experimentarán la misma emoción cuando el individuo está llevando a cabo el "despeje". Para la mayoría de los observadores, esta información sólo atraviesa su consciencia, dejando muy poco o ningún rastro de su existencia. Para algunos pocos de los observadores, esta carga emocional puede resonar con alguna carga que tienen en su propio cuerpo/personalidad. Cuando eso sucede, el individuo que la experimenta puede tener una reacción muy fuerte hacia la información y más adelante veremos a mayor detalle las razones de este efecto. El punto principal de este ejercicio es demostrar que no sólo somos capaces de recibir transmisiones energéticas de otras personas, al igual que otros las pueden recibir de nosotros, sino que mucha de la información con la que nos identificamos se origina fuera de nuestro cuerpo y consecuentemente, no es nuestra. El cuerpo, al ser un campo eléctrico, transmite y recibe información hacia y desde todo lo que existe en su ambiente.

Sin este entendimiento, es muy fácil ver como y por que la gente se asocia con cada pensamiento y sentimiento que emerge en su consciencia. Sin embargo, cuando nos hacemos conscientes a través del breve ejercicio descrito anteriormente, de que estamos recolectando la energía emocional de otros, el límite de lo que es mío y lo que no es mío, se vuelve muy confuso.

Si yo me encontrara en una lugar con un grupo de gente y uno de ellos sintiera nausea, es muy probable que, en algún nivel ellos estarían transmitiendo ese sentimiento de nausea, generalmente sin ninguna consciencia de lo que están haciendo. Si las circunstancias fueran conductivas, quizá tomo esa transmisión y de hecho me dejo sentir la nausea, si no tengo más conocimientos, y lo que puedo pensar es: "me siento mareado". Si retengo ese pensamiento, mi mente haría ciertas conexiones asociadas con la nausea y los químicos de la nausea se liberarían en mi cuerpo. El efecto es de esperarse, realmente me sentiría mareado. Pero al saber que este sentimiento de nausea no tiene nada que ver conmigo, más bien es una transmisión energética, me empodero más a parar el flujo del pensamiento y así como detener una producción más alta de químicos por nausea.

No subestimen esto por la simplicidad del proceso, pruébenlo y entonces decidan.

Hace muchos años, me encontraba en un hotel en Austria para dar una conferencia. Las personas involucradas en la conferencia no paraban de moverse, desempacando libros, moviendo cosas, etc. y yo me encontraba hablando con el dueño de la compañía. De repente sentí un dolor en mi espalda, bastante agudo, y le comente al dueño: "Alguien aquí tiene problemas de espalda." El llamo a todos en el salón, preguntando quien tenía un dolor en la espalda. Un hombre, que recién había entrado al salón, reconoció que el tenía el dolor de espalda y se dirigió a nosotros. Afortunadamente para él, pudimos aliviar mucho de su dolor. Sin embargo el punto importante aquí es que yo sentí ese dolor de espalda. Si no hubiera tenido el entrenamiento y consciencia, hubiera sido muy fácil que me identificara con ese dolor. –Tal como pienso, en eso me convierto– y entonces no pasa mucho tiempo para que tenga el dolor en mi espalda, y se convierta en una realidad para mi…. así, entre más energía le doy, más real se convierte.

Todos estamos haciendo esto todo el tiempo en grados diferentes –recolectando las transmisiones de la tierra, campos eléctricos, energías de otros próximos a nosotros, y aún de aquellos que están lejos. La mayor parte del tiempo, estamos bastante absortos y perdidos en nuestro propio mundo, esto provoca falta de nuestra atención para darnos cuenta de qué está pasando a nuestro alrededor. Y aún para las personas más sensibles quizá sea poco factible que entiendan totalmente lo que les está pasando. El sistema inmunológico parece tener mucha información, la que continuamente está bombardeando nuestro campo energético, sin que nos demos cuenta de ello ni tampoco de cómo esto impacta el ambiente externo. Y esto no sucede hasta que algo afecta al sistema inmunológico. Cuando el sistema inmunológico empieza a resistirse, la información externa comienza a tener un impacto sobre nuestro estado físico, mental y emocional.

Sin embargo este mar de información, esta sopa cuántica en la que vivimos, siempre está presente y repleta de varias transmisiones que provienen de nuestro ambiente energético. Estamos siendo influenciados -frecuentemente en forma bastante sutil– 24 horas al día por la información de esta sopa cuántica que es nuestro mundo Cuando tomamos cualquier transmisión particular y nos identificamos con ella, hemos dado un paso adelante para físicamente convertirnos en ese pensamiento o sentimiento. Muchos de los síntomas que algunos individuos han tenido, realmente no les pertenecían en primera instancia, pero al identificarse con ellos, los convirtieron en propios. Un pensamiento o una emoción, no necesariamente es tuya, simplemente es un pensamiento o una emoción y se mantendrá así hasta que la reclames y te identifiques con ello. Entonces ese pensamiento o emoción, por asociación, se convierte en tuyo. Esto perpetúa la conexión neuronal, misma que continúa produciendo más amino-ácidos, que fluyen por el cuerpo y hacen el sentimiento más "real."

Entre más asociaciones tengamos con algunos pensamientos y sentimientos, mayor la probabilidad de establecer lo que parece ser un enlace neuronal permanente.

Al momento de identificarnos con un pensamiento o sentimiento particular, estamos entrenando a la mente a que establezca conexiones neuronales. Una vez que se establecen rutas neuronales semi-permanentes, cada vez que surja un estímulo a nuestra consciencia, la red neuronal hace una conexión familiar e inmediata que se basa en comportamientos y expectativas del pasado. Así que en lugar de responder a la situación, nos dejamos ir hacia una reacción standard. Mientras que todo esto es muy común en el condicionamiento del comportamiento de los seres humanos en este tiempo y época, no propiamente es la mejor forma de abordar la vida.

Sin darnos cuenta, nos estamos asociando o identificando con una enorme cantidad de información que nuestro ambiente incluyendo a la gente involucrada, nos transmite constantemente –como ondas de radio. Y estamos condicionados a reaccionar fuertemente a toda esa información.

Los neurólogos nos dicen, sin embargo, que la mente consciente es responsable por lo menos del 5% de actividad cognitiva a lo largo del día, mientras que el resto de 95% de nuestro comportamiento viene del subconsciente.

Si esto es verdad, entonces cualquier decisión basada en lo que consideramos que es libre albedrío se encuentra limitada por 5% actividad consciente que esta bajo nuestro control. Podemos creer que tenemos la libertad de elegir en la mayoría de las situaciones en nuestras vidas, pero esto se debe que operamos desde un punto muy limitado que no se percibe a si mismo como el 5% sino más bien el 100%. Nos imaginamos que estamos actuando conscientemente todo el tiempo, sin embargo parece ser que estamos yendo por la vida en una forma predominantemente inconsciente.

¿Como es que el subconsciente tiene todo este poder?

Las cargas que he mencionado anteriormente son producto de muchos eventos y terminan acumulándose en el subconsciente. Cualquier información que caiga fuera de una escala evolutiva y predeterminada y que consideramos como: segura, aceptable y confortable, se relega al subconsciente; ahí se establece y aparecen conexiones de patrones y posiblemente de rutas neuronales sin nuestro conocimiento consciente. Esta es una pieza importante del rompe-cabezas que más tarde exploraremos con más detalle.

Cuando nos damos cuenta de que todas y cada de las personas vivas el día de hoy, se encuentran emitiendo frecuencias de todo lo que se consideran a si mismas que son, no es difícil entender de donde provienen todos los pensamientos y sentimientos con los que corremos el riesgo de identificarnos. Así como en el pasado las personas se han identificado con muchos pensamientos y sentimientos, es así como se han convertido en un producto de estos pensamientos y sentimientos. Entre más nos hayamos identificado con esos pensamientos y sentimientos, mas fuerte es la transmisión que enviamos, y así perpetuamos el ciclo del viejo condicionamiento.

Y no es que estamos diciendo que todos los pensamientos y sentimientos se encuentran flotando alrededor en el espacio, esperando que nos identifiquemos con ellos –aunque es posible que no estemos lejos de la verdad. Si vemos en retrospectiva la creación del cuerpo humano –a través de un prisma de genética y memoria álmica– podemos percibir que los cimientos de nuestras experiencias en la vida ya incluyen juicios pre-establecidos. La naturaleza de esos cimientos se basa en personalizar los pensamientos y sentimientos que pasan a través de esa consciencia. La memoria que le llamamos el viaje del alma tendrá su propia agenda…sus propios gustos y aversiones.

Podemos estar en lo correcto al decir que, al nacer, el cuerpo cuenta con códigos que fácilmente atraerán o resonarán con las transmisiones de su ambiente. Este es un paso más para entender la diferencia entre las personas– el por qué algunas son más o menos sensibles a ciertas energías o información que otras. ¿Por qué las personas son atraídas a formas particulares de ser? El código único de un individuo se combina con una transmisión compleja. Esta transmisión entonces resuena con idénticas frecuencias individuales o colectivas en su ambiente, las que a cambio, retroalimentan en lo que al parecer es una confirmación de la validez original de la transmisión.

Después de incontables años de observar la información que emerge a nuestra consciencia –eliminando algunas partes e identificándose con otras –podemos auto-limitarnos bastante. Tendemos a escuchar o ver sólo aquello que se ajusta a lo que consideramos que somos o lo que nos creemos ser en un momento dado en nuestra historia. Es como si al identificarnos con un pensamiento o creencia particular, estableciéramos una conexión neuronal, que no nos permite ver otras posibilidades. Ni siquiera podemos acariciar el pensamiento de que existan otras posibilidades, dado que la conexión neuronal establecida responde tan rápido que no hay tiempo para tan sólo considerar una posible elección.

Esta perspectiva puede tomar bastante tiempo a fin de poder explicar como la personalidad se desarrolla a través del tiempo, estableciéndose más y más, atrincherándose más. También podría explicar como el cuerpo puede desarrollar varios estados de enfermedades. Si realmente somos responsables de la fabricación de varios químicos, cada uno asociado a una emoción particular, no hay que dar un salto de imaginación muy alto para ver cómo esos químicos afectan nuestra salud física, mental y emocional.

Esto es más evidente al explorar profundamente los descubrimientos del Dr. Pert. En la actualidad ya muchos aceptan abiertamente que los amino-ácidos producidos por estímulos del cerebro, permean el cuerpo y buscan rutas receptoras en las células del cuerpo que se "ajusten" a esa células como un intrincado rompe-cabeza. El amino-ácido asociado, por ejemplo, con la ira, localiza un receptor apropiado a la ira, y es como si introdujera la llave maestra y abriera la puerta de la célula, permitiendo la entrada a la información asociada con ese amino ácido. Cuando nosotros continuamente bombardeamos nuestro sistema físico con un amino ácido particular, se edifican los bloques de concreto de nuestra vida, y asimismo, las células se acostumbran a esos amino-ácidos.

Se ha encontrado que cuando una célula ha sido bombardeada por amino-ácidos específicos, se crea una dependencia tal –o se familiariza tanto– a esos amino-ácidos específicos que cuando la célula se divide, la célula hermana ya tiene más puntos receptores en ella para el amino-ácido que ha estado dominando el sistema. Con la sub-división continua de las células, todas creando más y más puntos receptores para un amino ácido particular, entonces el cuerpo entero se vuelve dependiente–o aún más, quizá se vuelva adicto a un amino-ácido en especial.

Esto provoca el efecto de interrumpir la habilidad física para absorber amino ácidos saludables y auto-sostenedores, que asimismo origina un impacto negativo en la salud de un individuo. Y aquí se ratifica el apoyo al concepto de "tal como pensamos en eso nos convertimos."

Si nos identificamos con el enojo, el cuerpo se convertirá en la manifestación de ese enojo. Si lo hacemos constantemente, tanto como para que entonces el cuerpo responda fácil y espontáneamente a ese punto de encuentro energético, dejándonos aparentemente sin control sobre nuestra respuesta/reacción. Esta conexión bien pudo, o no, haber sido creada por nosotros personalmente. Puede ser producto de nuestra herencia genética. Sin embargo, yo pienso que cuando se otorga un tiempo suficiente y hay una continua asociación con pensamientos, creencias, o conceptos, el cuerpo puede convertirse en esos pensamientos, creencias o conceptos. Este proceso no sucede de un día para otro, obviamente, pero va tomando forma muy sutilmente en la energía que transmite el cuerpo y en lo que transmite o atrae o en lo que se identifica.

Al entender esto, podemos ver como nuestra reacción condicionada a identificarnos o asociarnos con la información, proviene en un 95% de lo que somos, el aspecto que no controlamos, sino que nos controla.

Si la emoción que parece dominar a una persona, no es el problema, sino la identificación continúa con esa emoción del pasado, lo que es el verdadero problema, y esto nos puede ofrecer un nuevo ángulo de la psicología del individuo. En aquello que pensamos, en eso nos convertimos. Sin embargo, mucho de nuestro proceso mental parece manifestarse desde el subconsciente, así que es posible que no tengamos el control tanto como nos gustaría creer que lo tenemos.

El impacto que este entendimiento tiene sobre la realidad que estamos creando, es enorme. Por otra parte hay que recordar que este no es un evento puramente interno, contenido dentro de las paredes del cuerpo que esta produciendo los químicos. Más bien, es a través de transmisiones eléctricas en que el cuerpo está enviando señales al mundo. Y muy interesantemente, el mundo responde a dichas señales.

Hace muchos años me encontraba trabajando con un joven australiano, quien tenía mucha ira contenida en él. El había sido capaz de suprimir algo de esa ira, pero era presa todavía a violentas manifestaciones, a tal grado que sus suegros estaban muy preocupados por el bien estar de sus hijas.

Durante la consulta, él me confío que veía por todas partes personas riñendo —en el bar, en la esquina de la calle, en la tienda… a cualquier lado que fuera, el veía gente peleando. Le dije que eso podría ser una realidad muy interesante en la cual él vivía, y agregue que yo no solía ver gente peleando a mi alrededor o donde estuviera. El me contestó: "Pero debes verlos. Esto sucede por todas partes." Yo le respondí:

"Sucede en todas partes de tu mundo, no del mío."

¿Por qué veía personas pelear todo el tiempo? ¿Te sucede eso? ¿Por qué no sucede conmigo?

Como resultado de mi trabajo en este campo a través de muchos años, he descubierto que atraemos las experiencias en la vida de lo que somos. Y quizá este joven nunca había hecho esa deducción. El se encontraba perdido en el drama y se estaba identificando con él mismo, pero eso no altera el hecho de que estaba siendo testigo de una cantidad excepcional de violencia. ¿Por qué a él? Podemos aseverar que el vivía el estilo de vida que incluía tal violencia, pero eso resulta muy simplista. Después de todo, el estaba felizmente casado con dos hijas y no andaba buscando líos en las calles por la noche.

Este hombre debió haber heredado las características de violencia de sus padres, una memoria álmica turbulenta; pudo haber tenido experiencias en su infancia que lo irritaron mucho. El punto aquí es que no es importante de donde vino el enojo. Basta decir que él era una persona iracunda. Su ira consciente o no, irradiaba a través de él como la onda expandida en el agua del estanque. Esta ira lo transportó hacia situaciones de enojo, y aún pudo haber suscitado las situaciones de enojo, o el enojo y la violencia fueron atraídos hacia él. Se ha dicho que somos como imanes, atrayendo aquello que somos.

Esta es otra área que puede bien salirse de los límites de aceptación en muchas personas, sin embargo si se empieza a ver, sin juicios ni expectativas, entonces es probable que veas que ocurren cosas similares. En cierto nivel, este joven estaba creando su punto de vista del mundo muy personal, al colocar el paquete de todo lo que él era en la sopa cuántica. De esta forma él estaba experimentando su realidad externa como resultado a ciertas creencias internas subconscientes que llevaba consigo. Si, de hecho, es así como trabajan las cosas, es difícil entender como alguien pudiese crear conflicto y abuso, dolor y sufrimiento.

Sin embargo si lo vemos desde la perspectiva en que mucha de nuestra realidad se crea por el subconsciente, entonces es fácil ver por que y como creamos las realidades que hacemos.

Si la mayoría de los seres vivientes hoy día, estuvieran dispuestos a detener la creación de su mundo basado en su subconsciente, el mundo sería un lugar muy diferente. Pero no lo es. Ni tampoco es así de simple.

Al identificarnos con experiencias, tendemos a juzgar esas experiencias como malas o buenas, Tratamos de evitar las malas en el futuro o cerramos la puerta a la memoria de estas experiencias –fuera de nuestra vista… fuera de nuestra mente. En tanto que las buenas, pareciera que estamos en la eterna búsqueda de más y más buenas experiencias.

Este joven iracundo pudo haber nacido con esos sentimientos violentos y como si nunca se le hubiera dado la oportunidad de elegir el aceptarlos o rechazarlos.

Por lo menos es así como él lo percibía. Cualquier otro que haya vivido experiencias similares y que no tenga memoria de haber creado esto en primera instancia, se sentirá igualmente como víctima desamparada a merced delas circunstancias que están más allá de su control. Si alguna vez lo consideraron, se pudieron haber sentido como víctimas del pasado, que no era de ellos y por lo tanto impotente para cambiar esos patrones.

Sin embargo es a través de la identificación con todos los pensamientos y sentimientos que surgen en la consciencia y al juzgar esos pensamientos y sentimientos nos encarcelamos en un ciclo sin fin, tratando de negar o buscarle el sentido a lo que está pasando en y alrededor nuestro.

Cuando los niños crecen, ellos siguen el ejemplo de sus padres –no necesariamente siguiendo la vida de sus padres, sino la forma en manejan las situaciones en su vida. Ellos aprenden de sus padres y de los parientes más cercanos a reforzar los patrones con los que nacieron y añaden a esos patrones sus propias reacciones condicionadas. Este comportamiento es tan común que se acepta como parte natural del condicionamiento humano y permanece incuestionable.

Si cualquier niño llega a experimentar un trauma o un evento o situación que lo agobie, ¿como le hace frente? ¿Qué mecanismo de sobrevivencia se usa para que pueda lidiar a través del trauma? Pienso que una forma muy común es la de negar la experiencia –cerrar la puerta, o huir del mismo. Cuando alguien, pero especialmente un niño pequeño afronta una situación que no solamente es incómoda sino insostenible, la negación es una herramienta válida para ayudar a sobrevivir cuando él piensa que se encuentra un ambiente muy hostil. La negación no es una solución a largo plazo para afrontar cualquier problema, más bien una reparación de emergencia. Desafortunadamente, si surge tal necesidad para desarrollar habilidades de sobrevivencia, esas habilidades no nos abandonan al llegar a la madurez y se fortalecen física y emocionalmente.

Somos seres de hábitos y una vez que descubrimos que una habilidad particular puede servirnos, entones tendemos a colgarnos de esa habilidad siempre que surge una situación que aparentemente provoca la necesidad de aplicar esa habilidad. Este es un patrón de conducta aprendido y nos evita estar re-inventando una nueva habilidad para cada momento de nuestro día. Lo que nos sirvió en el pasado, todavía nos sirve en el presente. Hay muchas veces en que la habilidad aprendida es muy útil en nuestra vida, porque solamente nos enganchamos en una respuesta automática en tanto aparecen cualesquiera situaciones.

Una reacción condicionada, sin embargo, no siempre

es la mejor forma para lidiar con las situaciones en nuestras vidas porque nos previenen de una respuesta genuina de cualquier cosa que nos esté pasando. Si nuestro comportamiento aprendido significa que nos encerremos en una sola forma de ver las situaciones, apareceremos como necios y dogmáticos a aquellos nos rodean. El apego a un único punto de vista mental sólo agregará o creará mayor tensión a nuestro ambiente, mismo que perversamente, reforzara nuestra percepción aún más, lo que solo añade tensión adicional.

Los patrones de conducta aprendidos también limitarán nuestra percepción y proceso de pensamiento, de tal suerte, que sólo oiremos lo que queremos oír y veremos lo que esperamos ver. Consecuentemente, nuestra patrón de conducta aprendido nos causará ver y oír en una sola forma, lo que más adelante se justifica. En nuestras mentes, ésta es la única forma como son las cosas.

Este hecho es importante, si consideramos que los nuevos descubrimientos de cómo se percibe la realidad son verdaderos. Más adelante estaremos hablando de este tema.

Nuestros hábitos se han arraigado tanto que es posible que no estemos conscientes de que aún estamos en un carrusel de negación para que nos asista a poder lidiar con los retos que día a día se nos presentan. Después de todo, éste es un maravilloso mecanismo de hacerle frente a la vida. La negación de pensamientos, sentimientos y situaciones se ha convertido tanto en parte de lo que somos, que las situaciones que provocan o estimulan la necesidad de negación han sido relegadas al subconsciente.

Imagínense a un niño que necesita bloquear un recuerdo, que no se va realmente, pues permanece en el subconsciente del niño. Dependiendo de la intensidad del recuerdo, puede jugar un papel significativo en la forma como esa persona lidiará situaciones similares en su vida. Es muy probable que la persona no esté consciente del cómo o por qué sus reacciones son tan fuertes, ya que en primera instancia, no puede recordar el evento que provocó su bloqueo. Se han convertido en víctima de su pasado, y la memoria subyugada controlara muchas de sus decisiones futuras.

Carl Gustav Jung le dio un nombre a esta parte secreta del individuo y la llamo: La sombra. El pensó que era necesario traer la sombra a la luz, a fin de que la sombra y personalidad de la persona pudieran vivir conjuntamente. En su libro *Psicología y Religión*, se cita lo siguiente:

"Todos llevamos una sombra, y entre menos se incorpore en la vida consciente de un individuo, se vuelve más densa y más negra. Si un complejo de inferioridad es consciente, siempre hay oportunidad de corregirlo… pero si se reprime y se mantiene aislado de la consciencia, nunca se corrige y está sujeto a estallar de repente y de modo totalmente inconsciente. En cualquier instancia, esto forma una gancho inconsciente, despedazando nuestras mejores intenciones."

Para Jung, este proceso no estaba en busca de la luz, sino más bien era un confrontación con la obscuridad como lo cita su libro claramente en su obra de *Estudios Alquímicos*:

"Una característica de la teosofía del Occidente es atiborrar la mente consciente con conceptos idealistas, pero sin confrontar la Sombra y el mundo de la obscuridad. Nadie puede llegar a la iluminación mediante figuras imaginativas de la luz, sino más bien a través de hacer consciencia de la obscuridad."

Ejercicio

¿Qué sucede cuando experimentas un sentimiento o una emoción?

Lleva a la práctica el tomar en cuenta que haces. Ve como, al dar a esta emoción tu energía mediante tu atención, la emoción crece y se vuelve más real y poderosa.

Ahora, la próxima vez que notes una emoción, práctica el decir: "Esta es una emoción. No es mía, es sólo como este cuerpo experimenta la vida." Y entonces trata de cambiar el curso de tu mente, re-direccionando tu consciencia lejos de la emoción hacia otra cosa. Ve que tanto dura una emoción cuando cesas de otorgarle energía.

Quizá pienses que esta es otra forma de negación, y, en ese preciso momento, es posible que tengas razón, sin embargo con la práctica, se vuelve obvio que no es el caso. En su lugar, tendemos a volvernos más accesibles a un rango más amplio de emociones de lo que éramos capaces.

Cuando inicies esta práctica, puede ser que no sea muy fácil, ya que estamos condicionados a caer en los viejos patrones de asociación e identificación.

5

La Sombra
y Su Carga

Me he acostumbrado a llamar "mochila" a la sombra, porque es algo que puede fácilmente ser visualizado. Imagínense el colocar memorias y experiencias que son muy dolorosas o que no tienen el valor o el tiempo para lidiar, en un paquete que se carga a donde quiera que vaya. Ustedes colocan la carga y lo llevan consigo a través de toda su vida. En lugar de vaciar la mochila al ir envejeciendo y tornarse –se supone– más sabios, la vieja técnica de sobrevivencia: la negación, hace mucho más fácil el añadir simplemente más memorias y experiencias a esa mochila. Tal vez, se han prometido a ustedes mismos que mañana lidiaran con toda esa carga que llevan a cuestas, cuando haya más tiempo, cuando se sientan más fuertes, pero como ya todos sabemos, el mañana nunca viene. Y entre más carguemos con las memorias, aparentemente se convierte más difícil lidiar con ellas.

La negación no es el único factor que añadirá más carga a tu mochila; es uno de tantos. La identificación y juicio sobre los sentimientos y la situación en tu vida también añadirá más carga a la mochila. El concepto de mochila es similar a la "sombra" de Jung y también a los aspectos subconscientes del ser. (Hay un 95% que no controlamos).

Como antes mencioné, es el conjunto total del paquete de lo que somos, lo que transmite la información que va a crear nuestra visión del mundo y las experiencias que subsecuentemente tengamos; incluyo la energía e información contenida en la mochila. Así que las partes negadas del ser, atraen -justo e igualmente– experiencias tal como lo hacen las que son amadas y bien aceptadas por nuestro ser.

La información contenida en la mochila (sombra) parece (de acuerdo a Jung) que es contraria a nuestras necesidades y deseos conscientes. Esto tiene el potencial de crear conflicto interno entre el lado que amamos de nuestro Ser –la luz, la apertura, la consciencia– y la parte obscura y escondida de nuestro Ser. Tenemos el lado positivo y el negativo, las preferencias conscientes y subconscientes que generan la carga que se crea en nuestro interior. Como se mencionó, esto nos puede conducir hacia un conflicto interno, pero como casi siempre sucede, la negación viene al rescate nuevamente, y nosotros olvidamos que existe esa parte de nosotros conocida como la sombra.

Pero olvidar o negar no hace que la sombra se vaya. Somos todavía en gran parte víctimas de nuestro pasado, de aspectos desagradables del ser… en ese 95% oculto. En tanto estos aspectos del ser continúan transmitiendo sus diversos mensajes al mundo externo, atraen situaciones en nuestra existencia, los que –dada su variada naturaleza–

resulta más fácil negarlos o huir de ellos que afrontarlos y abrazarlos.

A medida que la "brecha" entre aquellos aspectos de nosotros que hemos abrazado y aquellos que aún están en la negación, va creciendo, las energías físicas, mentales y emocionales sufren. La tensión incrementada en tratar de equilibrar esos dos lados de nosotros mismos, tiene su costo y es justo un factor más de stress con el que el sistema inmunológico tiene que lidiar. Esto es algo aún más complicado porque, a nivel consciente, no nos damos cuenta del rol que se está jugando en nuestros cuerpos mental, emocional y físico.

Al presentarse el conflicto interno, puede crear debilidad en nuestra energía física, mental y emocional. Esta debilidad se puede manifestar como stress, enfermedad, desasosiego, frustración, etc. A medida que la manifestación del desequilibrio interno es mayor, la energía o información que transmitimos afecta a aquellos que nos rodean y a nuestro ambiente físico. Este efecto generalmente se percibe como negativo.

En gran parte, la gente permanece sin darse cuenta de que ellos están transmitiendo estrés o que bien son los receptores de información estresada, pero es posible que no entendamos el profundo impacto que estamos teniendo en nuestro ambiente y aquellos que nos rodean también.

Aún es una parte de la condición humana estar muy auto-absortos o enajenados. El escenario más factible es el pensar que la información estresada que estamos recolectando es nuestra. Esto completa el ciclo de conexión nueronal: la producción química de amino-ácidos y el físico se convierten en aquello que pensamos que somos.

Quisiera aclarar que el auto-absorción o enajenamiento al que me refiero no es el mismo que el egoísmo. Alguien puede estar auto-absorto y aún puede interesarse y apoyar a otros. Me refiero al modelo en las que muchas personas se circunscriben a la idea que el ser humano es el cuerpo, la mente y las emociones.

Tal vez no entendamos que la tensión a la que hemos expuesto nuestro cuerpo, puede ser causada por la negación de varios aspectos de nuestras experiencias. En la mayor parte, no estamos conscientes de que el equipaje que cargamos, puede ser la causa de nuestros problemas de salud. Generalmente tendemos a ver hacia afuera y frecuentemente externalizando la causa por la cual ese desequilibrio se manifieste.

Hay muchas señales y muchas causas por las que el cuerpo pierde un equilibrio sano. No siempre podemos asentar toda la responsabilidad por mala salud, infortunio, tristeza, etc. de la información que se encuentra guardada en la mochila. La mochila pude representar sólo una parte pequeña del 95% oculto que parece gobernar nuestras vidas. Si nosotros –correcta o incorrectamente– apilamos todo junto con ese 95% y por ahora, le llamamos "sombra," puede esclarecer en mayor grado, que estamos siendo afectados por información de la cual ya no somos conscientes. El lado de sombra está afectando a todo el planeta en formas tan fundamentales que, hasta que no empecemos a reconocer el poder que este aspecto tiene sobre nosotros, continuaremos creando desde un punto muy limitado de consciencia y tenemos que lidiar con la creación colectiva desde el mismo sitio tan limitado. Desafortunadamente, dada su propia naturaleza, la negación, que creo la carga en la mochila, excluye la propia existencia de sombra/mochila.

¿Por qué algunas personas están propensas a tener accidentes; por qué otras experimentan enfermedad; "mala" suerte; y, por qué otros nada de eso? ¿Por qué algunos sobreviven a un diagnóstico negativo y otros no?

¿Será la vida una lotería o es algo que está pasando y que nosotros todavía no somos capaces de ver? Es bastante obvio que una enfermedad que se manifiesta físicamente es frecuentemente atribuible a algún desequilibrio físico en el cuerpo... pero... ¿qué fue lo que causo el desequilibrio interno en primer lugar? Creo que la información que está almacenada en la mochila, puede ayudarnos a encontrar la respuesta.

No es necesario creer en memoria álmica, vidas pasadas o karma para creer en la existencia de la sombra. Sin embargo, al haber desarrollado tan bien el arte de la negación, es más difícil para nosotros darnos cuenta que realmente tenemos un lado de sombra. Recordemos que la negación no es la causa de la sombra. El hecho de que posiblemente en un 95% de nuestra visión del mundo se crea subconscientemente, puede tener algo que ver del por qué negamos en principio: información, sentimientos y pensamientos.

El conflicto que existe entre la parte consciente de nosotros y la parte de la sombra en negación, se transmite hacia afuera, afectando no sólo a los demás que nos rodean, pero también el ambiente. Creamos el desequilibrio en todo nuestro entorno, que apoya entonces, en gran parte, nuestra creencia de que somos nuestros pensamientos y nuestros sentimientos.

Desde luego, los niveles individuales de conflicto interno difieren. Algunas personas se encuentran en mayor paz con ellos mismos que otros. Sin embargo, la negación impide el reconocimiento y aceptación de las sombras. Algunas personas podrán sentir que algo más allá de su control, está afectando su salud física y emocional, así como la salud de su ambiente, y luchan con aquello que se presenta y recurren a cualquier cosa para cambiar la realidad manifestada.

Nuestra percepción acerca de la relación que tenemos con nuestro ambiente, no es algo que sea aceptado ni a primera instancia ni fácilmente en la mentalidad de otros. Quizá podamos haber adquirido parcialmente cierta consciencia, llegar a este conocimiento individual e independientemente, pero el reto es encontrar la forma que haga sentido de nuestros conocimientos y se nos abra el camino a seguir para profundizar este entendimiento.

Anteriormente use el término de "carga" para connotar algunas memorias que aún parecen tener cierto control sobre nosotros. Nosotros somos toda memoria, y es importante que nos demos cuenta de esto. Memoria en forma genética, memoria en la forma de recuerdo de las experiencias del alma. Las memorias son lo que nos hacen ser lo que somos, pero lo que fuera que nos hacer ser como somos, bien podríamos dejar de ser sin dichas memorias. La memoria es importante. Yo creo que la pregunta que nos debemos hacer es ¿hasta que grado somos víctimas de nuestras memorias? Si exploramos la idea de que algunas memorias llevan más carga en nosotros que otras, podemos ver como una memoria intensa puede influenciar o determinar ciertas actitudes en nuestra vida.

Aquí les narro una anécdota personal que demuestra este principio.

Desde que me acuerdo, siempre he tenido cierta resistencia personal hacia la autoridad. Nunca me sentí a gusto con personalidades de autoridad cerca de mi, y desde luego, no me sentí a gusto de recibir órdenes de personas quienes, ellos mismos, no sabían que pasaba alrededor.

En mis talleres, he observado que no estoy solo en esto. De hecho, cuando pregunto a las personas si ellos han tenido sensaciones similares, la mayoría de la gente en el salón, ríe y levanta la mano, como si estuviera haciendo una pregunta muy tonta. Parece ser que mucha gente tiene problema con la autoridad. ¿Por qué es este el caso?

Sé, por experiencia propia, que yo no tengo razón alguna para estar a disgusto con la autoridad, ya que en mi pasado del cual tengo conocimiento, no hay nada que justifique tal reacción. Y estoy seguro que tampoco hay nada en el pasado de la mayoría de aquellos participantes en los talleres que aceptaron tener la misma sensación, que justifique su acentuada reacción hacia la autoridad. Sin embargo, ahí está, no se puede negar, se encuentra activa en alguna parte de mi.

En estos años pasados he tenido que realizar muchos viajes a todo el mundo, para impartir a los talleres de mis enseñanzas. A fines de 1999, viví en Estados Unidos y esto significo viajar constantemente dentro y fuera de Estados Unidos. Esto detono mi problema con la autoridad y se manifestó como obvia ansiedad, que se disparaba al entrar y salir de la Aduana y Migración del Gobierno de USA. Si alguna vez han sentido ansiedad, saben bien cuales son los síntomas –una sensación de incomodidad general, los músculos del estomago comprimidos, sudor, manos frías y sudorosas o sea, un estado nada agradable. Y esto pasaba, fuera de todo mi control, cada vez que tenía que entrar a los Estados Unidos.

¿Por qué tenía yo esa reacción tan fuerte? No había cometido ningún delito, y no había razón para que yo tuviera una reacción tan fuerte. ¿Por qué me estaba pasando esto? ¿Era algo que mis padres me estaban heredando a través de la memoria genética? De ser así, entonces había una barbaridad de padres (participantes) en los talleres en todo el mundo que habían heredado el mismo sentimiento a sus hijos. Eso es bastante bizarro.

¿O era esto un caso de memoria álmica? Y si así fuera, ¿tienen todos esta memoria álmica? Ciertamente hay muchas personas que sí, pero también estoy seguro que hay muchas personas que no tienen este tipo de reacción hacia la autoridad. ¿Hay alguna especie de extrema sensibilidad que permite que esta sensación se manifieste y sea tan agobiante? Este puede bien ser el caso. Hemos notado en los talleres que entre más sensible es una persona, más vulnerable está hacia este tipo de sensibilidades y amenazas por la energía o información de otros y de su propio medio ambiente. Tanto, que su sensibilidad parece salirse de control. ¿Pero por qué hay algunas personas más sensibles que otras?

Y, ¿por qué yo? Para aquellos que creen en vidas pasadas, es fácil imaginarse docenas de etiquetas o razones… y la persecución en una vida pasada, es una muy socorrida. Para personas que creen en vidas pasadas, las memorias de persecución son muy comunes– creo que demasiado comunes. Pero echarle la culpa a una vida pasada es una explicación viable cuando todo lo demás falla.

Como mencione anteriormente, si se trata de descubrir la causa principal para cualquier situación, es casi imposible y finalmente intranscendental. Si por el momento nos olvidamos de la memoria álmica y nos concentramos en memoria genética como posible fuente de ciertas características –mentales, físicas, y emocionales– ¿qué tan atrás podría llegar el rastro?

¿Qué tan atrás piensas tú que necesitas ir para entender quien eres? ¿El big bang?

Dado que nunca pude realmente descubrir por qué yo reaccionaba a la autoridad con tal fuerza, no me importo ni siquiera tratar de hacerlo y sólo acepté que esto era lo que me estaba pasando.

En mis talleres he utilizado horquillas o sensores para demostrar el principio de resonancia afín y como varios "paquetes" de información pueden provocar una reacción de otros paquetes similares de información. Si vemos cualquier parte de información particular, con una frecuencia única, podemos ver como y por que este experimento trabaja. Sabemos que el sonido tiene frecuencia; los colores tienen frecuencias; el espectro visible e invisible del sol son frecuencia; los rayos X son frecuencia, así como las microondas y los rayos Gamma. Aún las células en el cuerpo humano tienen frecuencias. Todo, incluyendo el sabor, el olor, la sensación, y los pensamientos tienen frecuencias. El aura humana es una transmisión de las frecuencias del cuerpo, en ambos aspectos: el integrado y la sombra. La materia sólida tiene frecuencias. La energía puede ser visible como frecuencias o partículas, de acuerdo a los descubrimientos más recientes de los físicos y científicos. El saber que la información almacenada en el "mochila" o aún en el cuerpo físico tenga su propio rango de frecuencias no es un salto tan impactante.

Si tomamos dos diapasones, cada uno afinado exactamente a la misma frecuencia y colocamos uno de ellos frente a un vidrio plano –esto sólo trabaja con diapasones de ciertas frecuencias– yo use la frecuencia "C" sintonizada a 649.3 ciclos por segundo y vale mencionar que algunas frecuencias trabajan mejor en madera– mientras colocas uno ellos frente al vidrio plano, tomas el segundo diapasón y lo sintonizas también a 649.3 ciclos por segundo y lo tocas para que vibre, colocándolo igualmente frente al vidrio muy cerca del primer diapasón… el vidrio entonces transmite y amplifica la sintonización de este primer diapasón. Retiras el segundo diapasón lejos del vidrio y el primero continuará escuchándose aún cuando el primero que se percutió o toco fue el segundo sensor. A esto se le llama resonancia simpática. Esto sucede con pianos cercanos uno a otro, cuando una cuerda detona una nota en un piano, el otro piano empieza a vibrar. Los embarcaciones de pesca con motores exteriores que estén sincronizados a idénticas cantidad de revoluciones por minuto, estarían a punto de autodestruirse si eso parara.

Aunque a escala humana, cuando nos sintonizamos o nos aproximamos muy cerca de alguna información con cierto grado de frecuencias, lo que sucede es que la parte correspondiente de quienes somos –en lo físico, emocional o mental– empieza a resonar al ser provocado por la otra frecuencia. Sin entrar en más detalle, acerca del rol que juega el corazón –eso vendrá después– es difícil comprender totalmente, cómo o por qué el cuerpo reacciona a ciertas frecuencias en la forma que lo hace.

Dependiendo de la sensibilidad y habilidad individual para notar lo que está sucediendo al cuerpo –lo que naturalmente depende de la intensidad de la información que está siendo transmitida– será la reacción de nuestro cuerpo. Ya sea que notemos o no que está sucediendo.

La mayoría de las personas no reconocen que esta situación está sucediendo. En parte se debe a que no estamos acostumbrados a entender el intercambio energético de esta manera y en parte porque estamos muy ocupados en el ensimismamiento. Aún si hubiéramos notado algún cambio en como nos estábamos sintiendo, estamos condicionados a atribuir esta sensación a algo más, a algo con lo que nos sentimos familiarizados. Muchos de nosotros estamos tan aprisionados dentro de formas particulares para lidiar con la vida que no notamos los cambios sutiles de la energía que nos rodea. Con frecuencia fallamos en darnos cuenta de cambios más poderosos en nuestro ambiente, debido a que la información que estamos recolectando está fuera de nuestros límites de experiencia y por lo tanto no se registra en nuestra consciencia. El hecho de que no notemos un cambio en como nos sentimos, no quiere decir que no se esté dando el cambio.

Es más probable que notemos una reacción si la frecuencia particular que estamos "recibiendo" corresponde a alguna información almacenada en nuestra "mochila" o en algún lugar del subconsciente. Es como si bien la energía o frecuencia de información a la que estamos teniendo acceso o a la que nos estamos acercando, presiona un botón de un asunto o sentimiento que todavía tiene mucha carga para nosotros.

Si ese asunto o sentimiento es una parte del ser en negación, alguna carga emocional fuerte de nuestro pasado que hemos enterrado hace tiempo, debido a nuestra incapacidad de afrontarlo y luego entonces al detonarse ese recuerdo puede resultar bastante intenso –y más aún, incómodo. Recordemos las conexiones neuronales que llevamos a cabo al estar constantemente asociándonos con pensamientos y sentimientos que inevitablemente crean el flujo de químicos, como resultado del enlace neuronal. Es fácil imaginar que si pudiéramos determinar que los químicos amino-ácidos son realmente nocivos y causan malestar, procederíamos a tratar y rechazar esa conexión para prevenir el tener que vivir la experiencia de esas reacciones químicas en nuestro cuerpo.

En muchas ocasiones, podemos ser capaces de establecer el límite de los efectos de cualquier reacción química, al estar usando el 5% de nuestra parte consciente, del cual sí tenemos el control. Pero si la información que estamos captando, sin importar de que fuente viene, está detonando un botón que se encuentra en el subconsciente, entonces estaremos reaccionando física, mental y emocionalmente; esto sin embargo lo hacemos sin entender que estamos de hecho, reaccionando y que no tenemos control sobre dicha reacción. Parece así que somos víctimas absolutas de nuestro subconsciente y la sombra que se esconde detrás del mismo.

Si cualquier conexión neuronal está bien establecida, nos da muy poco o ningún espacio de tiempo para que podamos hacer alguna decisión de cómo responder a estas situaciones. Si este es el caso, cuando el cuerpo tropieza con una frecuencia en particular que le recuera de algo de su pasado, esa frecuencia detona las frecuencias asociadas con dicha memoria. Esta estimulación eléctrica crea y descarga los amino-ácidos con esa memoria dentro del cuerpo. Cuando esto sucede, es muy posible que tengamos una reacción psicológica inmediata asociada con esa memoria o experiencia.

El flujo de amino-ácidos frecuentemente es tan poderoso e intenso, que no hay tiempo para dar un paso atrás y responder a la situación; nos vamos directo hacia una dinámica reactiva –no sólo neurológicamente sino también psicológicamente.

Este cambio de sensación en el cuerpo, especialmente cuando percibimos el cambio como incómodo, nos traslada fuera de nuestra "zona de confort" e invariablemente, nos coloca en un estado mental defensivo. Esta es una reacción muy común cuando nuestro equilibrio interno se ve alterado.

A lo largo de los múltiples talleres que he impartido y experiencias de vida en general, se vuelve más y más obvio ver como reaccionamos cuando no nos sentimos a salvo. Internamente, existen límites en los que nos sentimos cómodos, y hay áreas de "no pasar" en los que nos sentimos muy molestos. Nos podemos referir a estos espacios como "zonas de confort." Mientras estemos dentro de esa zona, todo está bien, y la vida es buena. En el momento que se nos mueve de esa zona, el mundo se vuelve un lugar desconocido y retador que nos puede recordar un trauma del pasado. Lo más probable es que el subconsciente se ha despertado y nos sentimos muy perdidos.

Lo que nos saca de nuestra zona de confort, es la información o situaciones que están fuera de nuestro control y al perder el control, reaccionamos. La forma en que la reacción se lleva a cabo, depende en quien está reaccionando y el grado en que esa persona se percibe a si misma cuando está fuera de control.

He notado que esta reacción sigue ciertos patrones. Primero, la persona se agita levemente o quizá se desconcierte. Puede entrar en la ansiedad. Hay que recordar que estos sentimientos se crean por la asociación de los químicos con el stress, y al identificarse con estado de ansiedad, los sentimientos se vuelven reales para la persona está viviendo esa experiencia. Así que literalmente la persona se convierte en los sentimientos que fueron estimulados por una palabra, un recuerdo o una situación en particular. Después de la agitación, emerge la necesidad de ser defensivo y –si la persona no logra controlar la situación– aparece la agresión.

He observado que este patrón ocurre con más frecuencia en los hombres que en las mujeres, las que reaccionan en forma diferente cuando se ven empujadas fuera de sus zonas de confort. Lo que es cierto es que todos reaccionamos al sentirnos inseguros. Los sentimientos a los que hacemos alusión aquí ya no son "reales;" sólo son memorias que se han detonado y emergen una vez más a la luz. Más adelante veremos que no son las memorias en sí el problema, más bien es la falta de control que tenemos sobre ellas. La llave del cambio radica en el desarrollo de la habilidad a cambiar la forma de reacción hacia los muchos estímulos a que estamos expuestos.

La detonación de una memoria no tiene que ser una experiencia dolorosa. De hecho, para la mayoría, se nos recuerda cosas del pasado que fueron placenteras para nosotros. Sin embargo estos recuerdos pueden estar tan fuera de control, como aquellos que nos recuerden memorias dolorosas. Tenemos la tendencia de buscar lo bueno y negar lo malo; es la naturaleza humana. Pero este simple juicio, nos mantendrá prisioneros de nuestro deseo, que se encuentra siempre polarizado y nunca en equilibrio.

Cuando se nos trae a la memoria alguna carga que llevamos en nuestra sombra o subconsciente, hay muchos niveles de reacción, todo depende de la intensidad de la memoria. Entre más hayamos tratado de huir o negar cualquier parte de nuestro ser, se crea más carga alrededor de esa memoria. Entre más fuerte es la carga, mayor la probabilidad de ser indefensos contra el flujo de químicos y su asociación con la reacción fisiológica. Podemos bien perder la habilidad de ser razonables, hasta eliminar la producción de esos químicos particulares. Una vez que la producción de químicos retorna hacia un estado más familiar, nuestra zona de confort es más interna … podríamos decir que retomamos el control de nosotros mismos nuevamente. Para empezar, si no hubiera habido carga en la mochila, no hubiéramos "perdido" el control de nosotros mismos.

Hay desde luego, una escala de grados muy variada en este tipo de reacciones. No siempre es tan desgastante, la mayoría de las veces es un estado perturbador leve, por ejemplo, se puede sentir que tu rostro se sonroja. Incluso, algo tan simple como es una leve perturbación, puede dirigirse hacia un estado muy molesto, si se le otorga la energía. Recuerdo que hace algunos años, yo era muy susceptible a sentirme abochornado y me salía fácilmente de mi zona de confort. Cuando sentía que mi piel empezaba a sonrojarse, pensaba "Oh no, esto no está bien." Todos podían percibir mi bochorno, –y si aunque sea remotamente, se es un poco auto-consciente, este no es un estado agradable. Cuando eso me pasaba no es que me detuviera a reconocer "oh, ya me salí de mi zona de confort, y esto es la forma en como reacciono." En lugar de eso, sólo me decía "esto esta realmente mal," de tal modo que tomaba este sentimiento muy en serio. Entre más en serio tomaba el sentimiento, me ponía más rojo, y más rojo me ponía y más a disgusto me sentía. En esta situación, si las personas que se encuentran alrededor se dan cuenta, pueden empeorar la situación… los niños son excelentes en eso.

Aún me siento abochornado y me sonrojo, pero ya no tan fácilmente ni tan rápido. Mi zona de confort se ha expandido considerablemente como resultado de practicar las técnicas de mi enseñanza. Cuando me siento ahora que me estoy sonrojando, me digo a mi mismo: "Ah, la zona de confort se esta estirando, no hay problema." Puedo estar con el sentimiento, sin perderme en él. Es tan importante poder hacer esto. Es sumamente liberador.

Hay mucha similitud con los problemas de autoridad. Por la razón que haya sido, era altamente vulnerable a entrar en un estado de ansiedad cuando sucedía cualquier confrontación con la autoridad. Obviamente, eso era algo que estaba muy lejos de mi zona de confort. ¿Se trataba de una de mis memorias? ¿O de mis ancestros? ¿O era algo completamente desvinculado de la autoridad? ¿Era otra de mis sensibilidades que era detonada por un sentimiento? ¿O era algo real, una energía común entre las personas que se encontraba en la fila esperando a la revisión de Aduana o Migración? ¿O era combinación de muchos factores?

Más bien creo que haya sido una combinación de cosas, todas conjuntándose y provocando un estado de ansiedad. Es intrascendental tratar de encontrar la causa, ya que hay tantas posibilidades y sólo nos situaríamos en la que se ajusta a nuestra forma actual de percibir las cosas. Si asumimos que se encuentra una "respuesta" con la que se puede sentir uno confortado, esto no necesariamente va a ayudar a superar el perderse en un estado de ansiedad.

Hubo veces en que este sentimiento se volvió muy poderoso y muy desagradable. Me cansaba ser víctima de la ansiedad, especialmente porque no había motivo para estar avergonzado u ocultar nada. Reconocía que estaba siendo impulsado, pero la carga sostenida en la sombra o subconsciente era tan fuerte que estaba más allá de mi control. Al momento que sentía la embestida de los químicos en mi cuerpo, me recordaba ese sentimiento y era demasiado tarde para hacer algo al respecto. Me dejaba llevar inmediatamente por la reacción, sin parar a considerar por un momento lo que realmente estaba sucediendo. Era necesario que rompiera el ciclo antes de que los químicos en mi cuerpo tomaran el control y me perdiera, una vez más, en la ansiedad. Me sentía transportado fuera de mi zona de confort por un tiempo prolongado y no tenía poder alguno sobre la situación… no podía hacer nada al respecto.

Hay muchas ocasiones en que podemos sentir ansiedad, y hay justificación en sentirlo, ya que ciertas situaciones pueden provocar esos sentimientos. Pero cuando sentimos algo y no existe una razón lógica para sentirnos de ese modo, entonces debemos entender que hay algo interno en nosotros que está demandando nuestra atención.

Mis problemas, cualesquiera que sean, quizá no tengan relación alguna con la autoridad. Puede ser que yo esté reteniendo alguna carga acerca de algunas memorias, que se detonan por las frecuencias asociadas a la autoridad.

Algunas personas, cuando escuchan un fragmento musical pueden evocar alguna tierna memoria que se asocia con esa música, una linda memoria detonada por las frecuencias. Otros pueden tener una reacción negativa hacia esa misma música. Puede traerles a la memoria un evento desagradable en sus vidas. Y otros no harán ninguna asociación con ese fragmento particular que evoque ninguna memoria. Se trata de la misma música, es sólo que tenemos diferentes formas de reaccionar o respuestas hacia los sonidos. Así que cada uno reaccionamos diferente a la información, dependiendo de nuestros singulares pasados, nuestras personalidades y sombras.

Una forma en la que podemos tomar mayor control de nuestras vidas es acostumbrándonos a dejar de lado la identificación tan fuerte con los pensamientos o sentimientos que emergen en nuestra consciencia. Como mencioné anteriormente, la condición humana siendo como es, tiende a identificar, asociar y personalizarse con lo que sea que surja en la conciencia. "Este es mi pensamiento… este es mi sentimiento… yo estoy pensando esto… yo estoy sintiendo esto."

Esto se debe a que esta es la forma en que los humanos se han conocido e identificado a través de todas las épocas, porque siempre ha sido así, simplemente hemos tomado la batuta y continuado esa conducta. Escasamente nos hemos detenido a cuestionar este asunto tan fundamental; a cambio, hemos asumido que es la verdad y ya dentro de este supuesto tratamos de entender quienes somos. Para aquellos que se atreven a empezar a preguntar su verdadera naturaleza, hay a disposición muchos criterios alternativos, pero la gran mayoría de ellos aún están basados en la percepción original que nosotros somos nuestros pensamientos y nuestros sentimientos.

Muchos pensadores y filósofos a través de la historia, nos han ofrecido algunas pistas para salir de la rueda giratoria o noria de la vida, sin embargo parece ser pocos los que han escuchado y menos los que han llevado esas palabras al corazón. No creo que sea posible para mi en estos primeros meses de 2006, saber quienes han y que es lo que se ha tomado en serio y cuando. Todo lo que puedo hacer es mirar donde se encuentra el mundo en este momento, y ver la base sobre la cual la mayor parte de las personas construyen sus vidas, ver lo que es importante para las personas y comparar eso con las enseñanzas de los "maestros." Puede haber un gran número de personas que escucharon las palabras de Buddha, de Jesús, de Mahomma, y algunos otros que pudieron ver claramente. Todas esas personas quizá hayan alcanzado un estado de iluminación, pero dado que esa iluminación no parece ser la realidad dominante en el planeta hasta este momento, realmente no puedo decir nada.

Ejercicio

¿Existen partes de tu vida que parecen estar fuera de tu control? ¿Te preguntas por qué hay cosas que te suceden y no les suceden a otros? ¿Te parece que la vida es justa para ti?

La próxima vez que una situación retadora emerja, trata de retroceder por un momento. Reconoce la emoción, y dite a ti mismo que esto es simplemente una condición que hace que tu cuerpo reaccione a un estímulo externo, o memoria enterrada y repítete a ti mismo que no es tuya. Respira a través de la emoción y observa como desaparece.

Nuevamente, esto tomará su tiempo para dominarlo, pero con perseverancia, se vuelve más fácil cada vez que lo aplicas.

En tanto practicas más esto, notarás el efecto en aquellos que te rodean, que anteriormente también estaban presos en la emoción del momento.

6

La Identificion con Nuestros Pensamientos y Nuestros Sentimientos

Hemos examinado el mecanismo sobre como la identificación con un pensamiento o sentimiento crea una respuesta física hacia ese pensamiento o sentimiento. Hemos también explorado como ese proceso puede crear la realidad de lo que tú percibes ser tu mismo. Los pensamientos y sentimientos –ambos, aquellos que percibes como tuyos y los que te rodean– son en gran parte simplemente transmisiones energéticas. Estos pensamientos y sentimientos son generados por cada uno y todos nosotros. En grado en el que hayamos personalizado identificado con los pensamientos o sentimientos del pasado, influenciará la intensidad de la transmisión.

Hemos examinado el proceso en el que entre más pensemos que un pensamiento o un sentimiento es nuestro, más nuestro se convierte y entre más nuestro es más potente es la transmisión. No es para sorprenderse que tengamos problema en tratar de encontrar una causa original, ya que nos encontramos perdidos en un océano de pensamientos y sentimientos todos reclamando nuestra atención. Y, continuamos tomando en forma muy personal todos esos pensamientos y sentimientos.

El querer parar este proceso supone retos, sin mencionar que este es una de las creencias más comunes en el planeta y al ir en su contra, es ir más allá del aislamiento. No es un camino muy popular.

Hemos examinado como esos pensamientos, sentimientos y patrones del pasado de creencias que creímos eran nuestros, han establecido lo que aparentemente son conexiones neuronales fijas. En un grado u otro, todos estamos instalados en esa realidad, y resulta bastante difícil desmantelarla, aún cuando se sabe que se está ahí. Y, aunque no se supiera que se está ahí, ¿cómo se podría ser tan objetivo como para reconocer lo que está pasando?

Si podemos retroceder lo suficiente por un momento, podemos ver que los pensamientos y los sentimientos que estamos experimentando no se vuelven nuestros hasta que los reclamamos; los tomamos personalmente; los tomamos muy en serio; nos identificamos con ellos. La idea de que no somos nuestros pensamientos y sentimientos, puede aparentar ser una forma totalmente nueva de percibir la relación con nosotros mismos, tanto, que a primera vista (y hasta a segunda visa) mucha gente simplemente no puede imaginarse que esto sea verdad. Sin embargo con la práctica –como lo han comprobado miles de personas– es la forma en que, una vez que te das cuenta y lo practicas, los resultados son de hecho altamente liberadores.

Esta información no es nueva, de hecho es muy antigua. Lo que sucede es que cuando se dio a conocer, la naturaleza humana estaba tan perdida en el drama personal, que tergiverso la información. Estamos tan condicionados a una sola forma de ser, que no podemos siquiera considerar la posibilidad de que algo pueda ser tan simple, especialmente en un mundo donde las respuestas siempre se buscan afuera y donde los individuos parecen estar más que felices en otorgar su poder a otros.

A fin de que no nos identifiquemos con los pensamientos y sentimientos que surgen en nuestra consciencia, ayuda mucho que evitemos tomarnos tan en serio –un gran reto para muchos de nosotros. Si podemos reducir el peso en juicios que tenemos hacia ciertos pensamientos sobre formas de ser, nos facilita el proceso a lo largo del camino. "Tal como juzgueíz seréis juzgados."

Estas tres cosas, pueden ser la manera más poderosa de cambiar nuestras vidas, y también, al principio de la práctica, lo más difícil.

Nuestra asociación y juicio de los pensamientos y sentimientos es lo que nos mantiene virtualmente como prisioneros de nuestro pasado. Mi asociación con la ansiedad ciertamente me mantenía prisionero de esa emoción.

Hay que recordar que el problema no es la ansiedad. El problema es la identificación permanente con la ansiedad.

Al decidirme cambiar mi relación con la ansiedad, trabajé en la liberación de cualquier carga emocional que yo estaba reteniendo con respecto a la ansiedad o autoridad –carga que parecía detonar la memoria y los químicos.

Aún cuando hice esto consciente de los sentimientos de ansiedad, no me limite a trabajar en ningún sentimiento específico –en este caso, el de ansiedad. Yo estaba más preocupado por cambiar mi relación con la ansiedad y para llegar a esto, tuve que estar más alerta mentalmente de cómo me estaba sintiendo en cualquier momento dado. Al notar algún sentimiento, me decía a mi mismo: "Este es un sentimiento de tal o cual cosa; mi cuerpo se está relacionando con cierta información; no es mi sentimiento, sino la forma en que mi cuerpo está experimentando una precipitación química". Anteriormente me hubiera identificado con el sentimiento como mío, y le hubiera dado más energía al decir "este es mi sentimiento", reforzando la conexión neuronal al colocar más químicos asociados con ese sentimiento en mi cuerpo.

El secreto para cambiar la reacción del cuerpo se encuentra en captar el pensamiento o sentimiento en seguida, antes de que el cuerpo se encuentre perdido en la descarga química. Para muchos de nosotros no existe ese momento. En mi caso, por ejemplo, no existía el momento en que podía decir "ah, esto es ansiedad, no es mía, es sólo que mi cuerpo está reaccionando a un detonador externo". Con la práctica, fui capaz de desacelerar el momento entre que mi cuerpo registraba la transmisión que dispararía mi ansiedad y el bochorno inevitable de químicos. Cuando captamos el sentimiento anticipadamente, nos da la oportunidad de decidir si el sentimiento nos va a controlar o nosotros vamos a tomar el control del sentimiento.

El despeje tuvo que haber trabajado, porque cuando regrese a los Estados Unidos hace algunos años –después de haber trabajado en liberar mi asociación de "ansiedad" con el cruce de Aduana y Migración– la ansiedad había desaparecido. Esto se reflejo en la bienvenida del oficial que puso el sello a mi pasaporte. Fue algo totalmente diferente a las ocasiones anteriores en que había retenido y me había identificado con altos niveles de ansiedad… ¡desde luego!

Todos somos parte de la sopa cuántica. Si yo transmito ansiedad, esto afectará a todos hasta cierto grado, a todos los que me rodean. Esto puede hacer que la personas se sientan incómodas, desde luego incluyendo a aquellos que trabajan en las puestos de Migración. Si mis niveles de ansiedad hubieran sido más elevados, el oficial de Revisión de Pasaportes, se hubiera sentido tan incómodo, que hubiera asumido que había que investigar más. Una profecía autorealizable. Me identifico con un sentimiento, en este caso, ansiedad; mi cuerpo se dirige hacia una sobre-estimulo de producción de amino-ácidos asociados a la ansiedad, y mi cuerpo entra en un estado angustiante, yo transmito esa ansiedad, y aquellos a mi alrededor la captan.

Ahora cuando voy a los Estados Unidos y estoy esperando mi turno para la revisión, quizá todavía sienta ansiedad; y yo veo esto como un recordatorio de lo que es sentir ansiedad, pero ahora sé que ese sentimiento no es mío. Lo percibo como es, una ansiedad que esta siendo transmitida por alguien en algún sitio de la oficina de Aduana, pero no es mío. Algunas veces puedo mirar a mi alrededor y ver como otros están captando la transmisión e identificándose con ella. Ellos están ayudando a reforzar el sentimiento y esparciéndolo a otros a su alrededor, menos afortunados que yo, en captarlo e identificándose con él. Todavía reconozco el sentimiento de ansiedad, pero ya no soy un cable conductor, no más una víctima de la memoria o de una corriente incontrolable de químicos en mi cuerpo. Sorprendente. Desde luego, es maravilloso, sentir ansiedad sin juzgarla como buena o mala, sólo reconocerla como un sentimiento y dejarla ir. Puede ser tan sencillo como eso.

Es nuestro pasado lo que ha hecho que nosotros creamos que somos quienes somos hoy, o más bien, es nuestra identificación con la experiencia de nuestro pasado. Sería muy difícil para la mayoría de nosotros, ignorar la información que parece constituir parte del cuerpo cuando éste nace. Si pudiéramos, al menos momentáneamente, ver que aún esas memorias son producto de cómo nosotros –o nuestros ancestros– se han identificado con el cuerpo o su pasado, entonces podríamos abrir una puerta para permitirnos cambiar.

¿Por qué no habríamos de querer identificarnos con el cuerpo o la personalidad? Esta es una pregunta muy válida. Sin embargo, si existe alguna parte de tu realidad personal o colectiva que no te haga sentir feliz; si hay personas en tu vida que te perturban, serían razones de peso suficiente para explorar tu opinión. Es sólo a través de dar unos cuantos pasos en este sendero para empezar a entender el poder que tenemos cuando dejamos de auto-limitarnos. Esto es especialmente importante para todos aquellos que se sienten víctimas de un pasado que no entienden. No es menos importante para todos y cada uno de nosotros, en tanto nos abre un futuro bastante diferente, dándonos nuevas herramientas para trabajar con información vieja.

Un beneficio más de esta nueva forma de ser, se obtiene al reconocer el papel que juega nuestra sombra al crear una reacción fisiológica trascendente, por ejemplo, respecto a la ansiedad. Debe ser obvio por esta experiencia, que a menos que cambiemos quienes somos, o lo que creemos ser, simplemente obtendremos más de lo mismo el día mañana. De no haber percibido mis periodos de ansiedad bajo otra lente, algo que fue relativamente simple para cambiar, aún estaría experimentando situaciones de ansiedad cuando se me confrontara con la autoridad.

Yo pienso que la única constante en la que podemos confiar es el cambio. Como y hasta donde nos lleve el cambio, depende de la responsabilidad de todos y cada uno de nosotros. No podemos depender de los demás para que nos lleven afuera de la oscuridad, cuando ellos mismos están perdidos en la oscuridad.

Los métodos necesarios para llevarnos hacia el cambio no necesariamente deben ser tan complicados, al grado de parecer que están fuera de nuestro alcance. Esto pudo ser algo que creímos en el pasado, pero no por eso es verdad, o el mejor o único camino. El cambio no tiene que ser violento. De hecho, si el cambio involucra violencia, entonces no es precisamente un cambio el que se está dando, sino sólo más de lo mismo, y sólo engendrará más violencia en el futuro.

El cambio puede ser tan fundamental y simple, que se nos escapa la oportunidad porque estamos demasiado ocupados en ver como hemos hecho las cosas en el pasado. Muchas personas que buscan un cambio en sus vidas, están esforzándose mucho para hacer "algo" que facilite su vida; en otras palabras, están usando el arcaico modelo basado en la lucha. No tiene que ser de esta manera. Cuando me refiero a "algo" significa que ellos están tratando de arreglar algo que mejore su situación. Si las personas se mantienen inconscientes sobre el rol que juegan sus propios asuntos en crear su realidad, se encontrarán en una eterna lucha para arreglar la situación que se manifiesta mientras que ignoran la causa. Mientras nos percatamos de que hay un problema, somos lanzados al lugar donde debemos hacer algo para solucionar el problema. Generalmente fallamos en percibir que con frecuencia es nuestra relación con el problema que requiere el cambio. Una vez que hacemos eso, el problema bien puede desaparecer.

Quizá haya situaciones en donde hay tanta energía contenida dentro del problema; tantas personas involucradas; tanta complejidad, que aparentemente hay más de una persona para manejar la situación. No obstante, el problema básico es la relación del individuo con la información o el evento en cuestión. Si no empezamos a cambiar nuestra relación con lo que percibimos como el problema, seremos víctimas de una información o evento a través de nuestras vidas.

Tal vez me vea muy ambicioso en esto, pensando que puedo cambiar al mundo al cambiar mi relación con él. Pero no tenemos que embarcarnos en un proyecto tan gigantesco como el de cambiar al mundo. Es mejor que enfoquemos nuestras energías en nosotros mismos, o nuestro ambiente familiar o más cercano. Práctica en pequeños detalles, que los asuntos mayores se resolverán por sí mismos.

Cuando yo cambie mi relación con la ansiedad, esto ya no dominó una parte de mi experiencia. No me es posible medir el efecto de mi cambio en otros, pero lo que si sé es que cuando dejé de tomar el sentimiento de ansiedad tan en serio, también deje de emitir el mensaje o sentimiento de ansiedad. En lugar de formar parte del problema como me sucedía, me convertí en parte de la solución de un problema global en la asociación con la ansiedad. Ahora, en cambio, en vez de sumarme al total del sentimiento de ansiedad en el mundo, he aprendido como llevar esto a mi corazón y abrazarlo sin perderme en ello. Esto tiene un efecto bilateral: el de vaciar alguna carga de este sentimiento en la consciencia colectiva y, al mismo tiempo, evitar añadir más carga a mi mochila.

Puede haber un tiempo, claro está, en que la ansiedad es apropiada, pero ahora soy capaz de reconocer esos momentos y ver la diferencia de lo que es apropiado y lo que no. Anteriormente, yo me perdía en la sensación y era incapaz de determinar si era apropiado o no.

Muchas personas tratan de arreglar la realidad en que se encuentran, sin imaginar que ellos pueden ser el problema. Esto es particularmente retador, si la persona está enferma o sufre algún dolor. La capacidad para percibir que los sentimientos en el presente son producto del pasado, requiere una gran habilidad para ser objetivo acerca de lo que ocurre en el momento. Si la persona que está enferma o en dolor hubiera tenido tal habilidad, es muy posible que la enfermedad o dolor no se hubieran presentado, en primera instancia.

Hay muchos factores que hay que tomar en cuenta, pero esta es solo un área que se pasa por alto muchas veces y que puede reservarse para si muchas respuestas. Esta no es una situación de culpa, en la que alguien haya cometido una falta. ¿Cómo puede alguien hacer algo malo cuando está tan sujeto a la influencia de su subconsciente? La parte dura, pienso, es cuando una enfermedad se está manifestando y la causa de esa enfermedad se apoya en la negación de alguna parte del ser en el pasado, entonces la misma situación por la que se manifestó la enfermedad, bloquea cualquier destreza para ver claramente, sin mencionar el acatar la responsabilidad de lo que se está manifestando.

No creo que siempre sea posible arreglar lo externo, haciendo algo por o para ello –y eso no quiere decir que no se haga nada respecto al dolor o para disminuir el sufrimiento en este mundo. Esto todavía es una parte muy importante de la humanidad, sin embargo al ver quien está tratando de arreglar el problema, lo que vemos es una personalidad, -posiblemente con las mejores intenciones– pero, no obstante una personalidad. Si vemos la naturaleza de esa personalidad veremos que se basa en un pasado personal, con sus gustos y aversiones, sus juicios y prejuicios, algunas creencias que se mantienen como verdad, sobre otras creencias. ¿Cómo puede una personalidad que parte desde ese punto, saber lo que es mejor para otros? Quizá una respuesta sería la ayuda incondicional a otros, sin ninguna expectativa. Cualquiera que venga desde una personalidad limitada que está buscando crear un ambiente seguro, puede llegar a hacerlo imponiendo sus valores y creencias acerca de otros, y esto invariablemente conduce al conflicto, ya que los otros se resienten al tener que aceptar valores de otro. No hay nada malo en tratar de crear un ambiente seguro, pero si se crea a expensas de la seguridad de otros, requerirá un esfuerzo continuado para cualquier forma de seguridad y aún eso está predestinado al fracaso.

Hasta no cambiar lo que somos internamente, yo creo que no cambiaremos la realidad manifestada en ninguna forma fundamentalmente positiva, porque la realidad manifestada es solo un producto de la totalidad de quienes somos. Como lo mencione anteriormente, un cambio externo es ciertamente un estímulo para crear un cambio interno, pero si no nos sentimos seguros, esperar un cambio duradero en cualquier nivel que valga la pena, es poco práctico.

Al buscar la seguridad mediante la manipulación externa, no es la mejor forma de hacer las cosas. Si nuestra búsqueda se basa en la información silenciosa que se lleva en la mochila, nunca se encontrará lo que se busca. La sombra siempre estará presente en medio de los aspectos del ser que se proyecten y nunca se hallará la paz hasta que la sombra se haya extraído hacia afuera y se haya abrazado.

Esto puede ser más fácil de lo que se imagina, aunque Jung habló de esto en su libro *Estudios de Alquimia*, el dijo: "La tarea de la vida adulta no es ver la luz, sino llevar la luz a la oscuridad. Este procedimiento, sin embargo, es desagradable y por lo tanto, no muy popular." Podemos inferir a lo que se refiere, al enfrentar la sombra después de una(s) vida(s) de huir de ella, debe resultar muy atemorizante – asumiendo que se haya aceptado que se tiene esta sombra en primera lugar. Sin embargo si había una forma que hubiera cambiado tu relación con diferentes aspectos del ser relacionados con la sombra, quizá entonces no hubiera sido tan desagradable, después de todo. Yo creo que este trabajo presenta una forma para hacer esto –traer tu propia sombra a la luz del día, entender lo que es, y avanzar más allá de ser la eterna víctima de tu lado oscuro.

En la *Guerra de las Galaxias*, hubo una escena maravillosa en que Darth Vader le pide a Luke que vaya al lado oscuro. Darth Vader estaba en lo cierto, hay un poder inimaginable en el lado oscuro de la fuerza. El peligro para Luke y todos aquellos guerreros combatiendo por la luz, sería perderse en el lado oscuro. En el caso de Luke, muchos de sus compañeros se perdieron en el lado de luz, de ahí, viene la polarización que provoca conflicto sin fin. No hay mucha diferencia de lo que pasa en la "vida real." Al entender que la luz y la oscuridad son ambas diferentes lados de una misma moneda, es el principio para la auto-liberación de esta auto-impuesta tiranía –realidad que tomamos como real.

Hasta este punto, es obvio que si Luke y sus compañeros no luchan contra el lado oscuro, éste vencerá a todos aquellos que se le opongan, y por ende establecerá sus reglas –una perspectiva nada agradable. Una vez que se tenga una manifestación del lado oscuro, sin embargo, sólo pudo haber venido desde la polarización, lo que significa que hubo un lado de luz involucrado. En la "vida real" no es tan fácil ser objetivo acerca de cualquier conflicto y determinar quien es la luz y quien la oscuridad. Aquellos que pertenecen al equipo A piensan que ellos están en lo correcto, y aún más pueden pensar que tienen a dios de su lado; aquellos en el equipo B piensan de exactamente igual manera. El que yo haya nacido en cierto país, no significa que automáticamente ese país está en el lado correcto de cualquier conflicto.

Cuando abrazamos ambos lados del ser: luz y oscuridad, ninguno de ellos tendrá más el poder sobre nosotros. Esto no sugiere que todos nos vayamos al lado oscuro por algunos años para tratar de traer de vuelta el equilibrio. Esto es un acercamiento a una percepción de inequidad, que muchos grupos minoritarios manipulan a fin de ganar seguidores.

Esta polarización o exteriorización… esta expresión de energía suprimida, se añade a la carga que la mayoría retiene en contra de la minoría y más adelante alinea a la minoría, hasta que con persistencia, la voz de la minoría es aceptada gradualmente en la "corriente principal;" o no se acepta. No estoy sugiriendo que se legalice cualquier expresión del lado oscuro o condonar actos de abuso de cualquier índole. Quizá yo llegue un poco tarde en esto, pero me parece que el lado oscuro ha estado manteniendo la pelota durante centurias –el yin y el yang, la luz y la oscuridad, lo malo y lo bueno en eterno conflicto.

El punto aquí es que el lado oscuro ha estado jugando alrededor nuestro y continuará haciéndolo, mientras mantengamos aspectos de nosotros mismos bien escondidos. La sombra no puede negarse. Si pudiéramos abrazar la oscuridad como sugiere Darth Vader, sin perdernos al hacerlo –y esa es la llave, no perdernos al hacerlo– dejaría de tener poder sobre nosotros. Observen como abrace el sentimiento de ansiedad.

Si alguna vez pensaron en eso, quizá hayan considerado que la ansiedad como una debilidad, es una parte de la sombra del ser que más hábilmente se niega y esconde. Hay un viejo refrán que dice "lo que se resiste, persiste." Aún cuando tengas cierto éxito en enterrar los sentimientos de ansiedad, continuarán ahí, sin ser resueltos, creando conflicto interno, que tarde o temprano se manifestarán un día en un estado de enfermedad física, mental o emocional.

Cuando logras llevar el estado de ansiedad hacia la luz, y verlo por lo que es (después de todo es sólo un sentimiento y los sentimientos forman parte integral de lo que tú eres), entonces, con la práctica, cesará de tener poder alguno sobre ti. Tal vez sientas todavía ansiedad pero no tienes que perderte en la ansiedad. Precisamente al perdernos en cualquier emoción especialmente aquellas que etiquetamos como negativas, es lo que nos des-empodera. Es el perderse en el lado oscuro lo que es aterrador para la mayoría de la gente, pero este sentimiento nace generalmente de la ignorancia. No entendemos verdaderamente lo que es la sombra, así que nuestra imaginación se desborda en crear inmensos monstruos. En nuestra ignorancia o sea, falta de consciencia, empoderamos la sombra. Dios y el demonio son ejemplos clásicos de polarización extrema.

En nuestro vuelo desde el lado oscuro, tendemos a perdernos en el lado de la luz, que es tan debilitante como lo es perderse en el lado oscuro. Ya que si a expensas de la sombra, vamos en busca de luz, negando y escondiendo aspectos de nosotros mismos, seguimos creando una realidad personal que no está en equilibrio. Y entonces externamos la causa del desequilibrio: Dios y el demonio; nosotros y ellos; el clima, los vecinos, cualquier cosa. Así es la única forma en que se puede expresar el lado oscuro a si mismo, en alguien que aún se encuentra en la negación, y recuerden negación no es una mala palabra, ni juicio de lo que somos, sino sólo el remanente de un mecanismo de sobrevivencia que fue importante en algún tiempo remoto.

Entre más negamos nuestra sombra, más equilibrio se busca en auto-expresarse externamente, y más físicamente obvio se vuelve. Esto no es nada nuevo y nuestra "era" no difiere de ninguna otra "era." La historia continuamente se repite a si misma, mayormente porque los protagonistas se toman a si mismos y sus roles muy en serio. Si vemos en retrospectiva algunos siglos atrás, nos preguntaremos si algún día llegaremos a aprender. ¡Los Cristianos todavía luchan contra los Musulmanes! O, viceversa.

Nacemos en el cuerpo de un bebé, y por el momento, no importa de donde vinimos, ni tampoco las memorias que acarreamos. El bebé nace en un tiempo y un lugar donde todos se toman a si mismos muy en serio. El pequeño aprende de sus padres, hermanos y su medio-ambiente; para el momento en que se percibe a si mismo como separado, ya se ha establecido fuertemente el condicionamiento de "seriedad" y el niño se adapta al consenso de esta realidad. ¿Qué más puede hacer? Las personas que son diferentes y que no se toman a si mismas tan en serio, tienen que aprender el arte de la negación, o ser capaces de sobrevivir a un mundo que debe parecerles muy hostil y un mundo muy loco.

El bebé / niño aprende por ejemplo, justo como lo han hecho sus padres, que son individuos separados, aislados. Esto puede ir en contra del conocimiento intuitivo del bebé, pero con solo unos meses de edad, ¿qué puede hacer? Su personalidad se desarrolla, y se le enseña lo que es correcto e incorrecto –lo cual es relativo, dependiendo claro, del maestro que les está dando la enseñanza. Los niños aprenden a juzgar por si mismos, marcan sus preferencias y empiezan a tomar sus propias decisiones. Si crecen en un ambiente que no suela ser uno totalmente amoroso, hay muchas probabilidades de que aprendan el arte de la negación. Aprenden el auto-amor o el auto-odio; pueden desarrollar una auto-confianza o aprender a culparse a si mismos o a otros. En breve, aprenderán a convertirse en adultos que eventualmente se van a tomar a si mismos muy en serio.

Dado que no se les advierte de otra manera, creen que los pensamientos y los sentimientos que tienen son de ellos y aprenden a mostrar los buenos y esconder los malos. Se convierten en replicas de generaciones previas. Pueden tener sueños diferentes, pueden aún , evolucionar más allá de las expectativas y limitaciones de sus ancestros, pero en esencia, están jugando el mismo arcaico juego, con las mismas reglas arcaicas. Puede haber una revolución por aquí y por allá, pero aún las revoluciones juegan viejas reglas –"tómate a ti mismo en serio y toma lo que quiera que la personalidad demande, no importa lo que cueste a otros."

Desde luego existen personas altruistas en todas partes a quienes les gusta cuidar más de otros que cuidarse a si mismos –maravilloso, exceptuando que aún siguen jugando con las viejas reglas. "Yo soy mis pensamientos, yo soy mis sentimientos, esto es mío, esto es tuyo y que hay de la sombra… bueno eso no tiene nada que ver conmigo, debe ser ¡tuya!"

En tanto que nosotros como humanidad colectiva, juguemos de acuerdo a las viejas y ya obsoletas leyes, podemos garantizar que seguiremos obteniendo más de lo mismo, un día y otro también, año tras año, milenio viene, milenio va.

No podemos decir que no se nos advirtió, no podemos reclamar que no se nos dieron toques de alerta sobre otras maneras de ser. Aún así insistimos en jugar los mismos viejos juegos una y otra vez. Y sabes, quizá no importa realmente. Quizá la cuestión es jugar el juego, para perderse en el drama, hacer lo que sea que quieras hacer, sin importar las consecuencias… sólo se vive una vez, ¿no es verdad? Diviértete, haz tu agosto, obtén lo más que puedas, tantas veces como puedas, mata y que te maten… Justifica tus acciones, sosteniendo que lo haces por el bien de los demás, por dios, por el demonio. Sólo fabrica tus propias reglas para que puedas conciliar el sueño en la noche, y estarás bien… quizá.

Si realmente creyera todo eso, no me preocuparía en escribir este libro. Estaría por ahí de fiestas (de compras-o lo que fuera) hasta que me cansara. Yo creo que hay algo más, algo que vale la pena descubrir acerca de la naturaleza de lo que nosotros los humanos realmente somos.

Pienso que aún estoy perdido en el drama del colectivo y como tal, realmente no sé que caramba está pasando. ¿O es que yo sólo escogí jugar otro papel? ¿Estoy jugando una parte igualmente perdida, tomándome a mi mismo y mi mundo muy en serio, aún cuando mi intención es lo contrario? Puede ser posible. Sin embargo hay algo muy dentro de mi –puede ser el conocimiento intuitivo del bebé tratando de llegar a la superficie (... "sólo si os convertís en niños, podréis acercaros a mi"). Tal vez, sólo tal vez, esta es la llave para la sobrevivencia de las especies, permitir que la inteligencia intuitiva de un bebe re-surja a la superficie. Dado que el mismo proceso y todas las habilidades de sobrevivencia necesarias para llegar ahí: a ser adulto, -de hecho todas las especies– frecuentemente bloquea el retorno a la inocencia de un niño. Y entonces nos hacemos viejos y morimos –si tenemos suerte en envejecer– y entonces ¿qué? ¿Ya se acabó? Probablemente no, pero tampoco lo sabemos con certeza.

Recuerdo que hace algunos años, me desperté a media noche pensando que, a fin de continuar con mi trabajo en la vida de la enseñanza, compartiendo la información y para mejorar mi habilidad para relacionarme, necesitaba regresar a la inocencia de un niño. Este fue un momento emocionalmente poderoso para mí, y lloré quizá por horas, hasta que eventualmente me quedé dormido. ¿Por qué el llanto? ¿Por qué la emoción tan profunda? ¿Cuál es el gran problema?

Durante tres meses después de esta percepción interior, ocasionalmente rompía en llanto sin razón aparente.

No sabía lo que exactamente estaba procesando, pero sabía que lo que finalmente estaba saliendo era el llanto retenido cuando niño, el dolor y las heridas reales o imaginarias, que habían quedado atrapadas en mí por años. No fue preciso que conociera los detalles. Fue suficiente dejar que sucediera, sabiendo que estaba procesando eventos de mi sombra. No estoy seguro que tanto me ayudo el estar estrechamente relacionado conmigo mismo y otros, pero es imposible imaginar que hubiera sido de mi vida si no hubiera liberado tanta tensión. ¿Me habría enfermado por retener tanto dolor? No lo sé y quizá nunca lo sepa. Pero me alegra haber liberado la tensión y que se haya abierto la puerta para que más sombra surgiera a la superficie para ser abrazarla y poder moverme más allá de ello.

Ejercicios

¿Las situaciones con las que luchas, son aquellas que continuamente estás tratando de corregir?

¿Qué tanto tiempo has estado tratando de componer las cosas en tu vida? ¿Ha habido gran diferencia?

¿Estás mejor ahora que antes, o se siguen repitiendo los viejos patrones?

Mientras tratamos y componemos nuestras vidas, nos encontramos presos en un ciclo repetitivo, gastando nuestra energía en eso que nos perturba y molesta porque siempre hemos tenido en mente el pensamiento de que al arreglar tal o cual problema y podemos ser felices, ricos, estar enamorados o lo que sea.

Te has preguntado ¿que pasaría si tú pretendieras ser alguien más? ¿Cómo lo manejarías y los demás como reaccionarían ante esa situación? O quizá si tú fueras alguien más, en primera instancia, esta situación nunca te hubiera preocupado.

Si tú puedes cambiar tu mente, deja ir tus expectativas y simplemente ábrete a la situación y hazte a un lado de tu propio camino ¿cambiarían las cosas?

Has la prueba con situaciones comunes primero, y empieza a subir la prueba en asuntos importantes.

7

Viaje del Alma

mi particularmente me gusta la expresión Budista-Tibetana de "Viaje del Alma." Alma quizá no sea la palabra más apropiada, pero en realidad es la que da una idea a la mayoría de la gente acerca de la naturaleza sobre la esencia de la experiencia humana, así que apropiada o no, usaré esta palabra para representar la parte de nosotros que prevalece.

Imagínense que ustedes son algo más que su cuerpo, sus pensamientos, sus sentimientos, su personalidad. Imagínense que hay una parte de ustedes que es eterna. Por el momento podemos llamara la parte eterna de ustedes, su "alma" Usaremos palabras para construir la idea, para que este concepto sea más accesible.

Por definición, se infiere que al ser eterno, hemos existido siempre y existiremos. Esto es otra suposición que quizá resulte ser falsa si la analizamos a bastante profundidad. Aún la simple definición de "tú" o si "tú" existes es cuestionable. ¿Quien y qué es ese "tú" del que estamos hablando? Lo que pasa es que comúnmente relaciones ese "tu" con el cuerpo, los pensamientos y los sentimientos que el cuerpo experimenta… la personalidad. Pero si tú no eres el cuerpo, ni los pensamientos, ni sentimientos ni personalidad, entonces tendremos que redefinir quien eres "tú." Así que por lo pronto, colgamos esa etiqueta al alma.

Tu eres el alma que tiene una experiencia física, y que se asocia con pensamientos, sentimientos, y se identifica con una personalidad.

¿Por qué tú o tu alma, se toman la molestia en tener esta experiencia? Esta es otra pregunta que quizá sea o no respondida a su entera satisfacción en este libro. La causa original por la que decidiste de entrar en un cuerpo es en primer lugar, algo que no puedo ni siquiera pretender el conocer la respuesta. Es posible que tú puedas responderla. La gente lo ha hecho por milenios, por qué habría de dejar de hacerse ahora.

Si la suposición de que eres eterno, que tienes un alma que subsiste durante eras es correcta, entonces se mantiene el razonamiento de que ha existido durante mucho, mucho, mucho tiempo y existirá igualmente por mucho, mucho tiempo todavía. Podríamos aún asociar la palabra "carga" al alma, definiéndola como información y experiencias retenidas en la memoria del alma.

Si recordamos lo que dijimos acerca de cómo la carga entre la sombra del ser y la luz del ser crea conflicto que busca encontrar un estado de equilibrio –buscando frecuentemente el equilibrio afuera del ser– entonces podemos imaginar que el alma busca igualmente un estado de equilibrio. Sin embargo yo espero que haya algo más para el alma que andar buscando un equilibrio. El problema en tratar de entender algo como el alma, es que cualquier cosa que se encuentre fuera de nuestro patrón de creencias ordinarias, está sujeto a ser interpretado por nuestra personalidad. Ya hemos hablado sobre como la personalidad puede solamente entender lo que se encuentra dentro del marco de su actual visión del mundo. Así que cualquier referencia al alma es más bien hipotética que un hecho conocido. Pero se puede escoger, ya que hay muchas hipótesis que están reclamando ser verdad.

De acuerdo a las enseñanzas budistas, cuando un alma pasa a encarnar en un cuerpo, se olvida quien y que es realmente, se asocia fuertemente a su forma física. Se convierte en un niño, con todos los pensamientos y sentimientos relacionados a su niñez y su ambiente. Se toma a sí mismo muy enserio. Así que no sabemos quienes somos, ya que nos olvidamos cuando nos convertimos en seres humanos. Este "olvido" podría explicar por qué nos identificamos con tanta fuerza con el cuerpo y la personalidad.

Yo sólo puedo imaginar que sin ese olvido, equivaldría a haber nacido con absoluta memoria. Si tú tuvieras memoria consciente de todo en tu pasado, posiblemente significaría estar en un estado iluminado. Si no hubo una personalidad a través de la cual filtraste tus experiencias, ninguna sombra que te hizo sentir víctima, sin subsconsciencia que siempre tomara las decisiones por ti, este estado ofrecería tal libertad, que está por el momento, más allá de nuestra comprensión.

Quizá esa sea nuestra meta —recobrar ese conocimiento y el conocimiento intuitivo de un bebé. El entrar a un cuerpo recordando el pasado, es algo tan fácil de llevar a cabo.

Para algunos, la posibilidad de que el alma tenga más de una experiencia, podría validar la teoría de la re-encarnación. Si existe la re-encarnación, ciertamente da crédito al concepto de memoria almica. Puedes o no creer en la re-encarnación. A estas alturas de nuestro camino, no creo que importe si crees o no. Como muchos de los conceptos que se manejan en este libro, podemos tomar y usar lo que sintamos apropiado, tratando de no quedar atrapados en la defensa o la negación de cualquier creencia.

En el momento que sostienes que algo es o no es verdad, lo que en verdad estás sosteniendo es tu aceptación o negación de acuerdo a tus percepciones y creencias actuales. Al declararse a favor o en contra de cualquier asunto, de inmediato te polariza –el síndrome de nosotros y ustedes– y una vez más te pierdes al defender lo indefendible. Es posible que la mejor forma de emplear tu tiempo aquí, sería el pasar por alto todos los pros y contras de los argumentos.

Yo no estoy ni siquiera muy seguro que creer acerca de la re-encarnación. Siento que hay algo más allá de lo inminentemente obvio y conocido, pero aún no sé que es (todavía). Quizá cada una de nuestras vidas es una perla, y todas las vidas que hemos vivido y todas ellas están ensartadas en un cordón como un collar de perlas. El cordón podría ser el alma, enlazando todas las manifestaciones que desea experimentar la vida en un cuerpo físico. Pero aún esta imagen sufrirá en tanto nos vamos desprendiendo de nuestras percepciones personales. Esta es una imagen válida y sirve un propósito, pero no es algo que debamos tomar muy en serio –es solamente una herramienta a ser usada en tanto pueda ayudar.

Conforme libero mi apego al cuerpo, pensamientos y sentimientos como la totalidad de quien yo soy, mi comprensión acerca de quien soy se vuelve algo enmarañado y perturbador. El sitio pequeño y oculto de la personalidad, el lugar donde podíamos escondernos y sentirnos seguros, ya no es tan pequeño y tampoco tan seguro.

La simple respuesta de "yo soy mi cuerpo, mis pensamientos y mis emociones" se ha ido. No lo soy, y ahora lo puedo ver. No fue mi intención desmantelar mis percepciones de quien era o, esto se dio sólo a lo largo del camino. No he perdido completamente mi apego o asociación al cuerpo, pensamientos y sentimientos. Es sólo que ahora veo más claro que cualesquiera creencias rígidas, patrones fijos de pensamiento o emociones con los que solía identificarme, no son lo que yo soy. Soy todos ellos y ninguno de ellos –sólo vienen y van. Esto no es fácil de explicar a alguien que aún se identifica fuertemente con su personalidad, sus pensamientos y emociones.

Yo creo que la pregunta que nos podemos hacer a nosotros mismos es "¿tenemos la posibilidad de elegir acerca de que memorias podemos acarrear con nosotros? ¿Podemos permanecer conscientes y traer toda la memoria con nosotros cuando re-encarnamos? Recordemos que somos productos de nuestro pasado. Si continuamos reaccionando –consciente o inconscientemente– como lo hemos venido haciendo en el pasado, sólo tendremos más de lo mismo el día de mañana. Si queremos desarrollar la habilidad de retener la consciencia al momento de morir y más allá, es necesario que empecemos ahora mismo, cambiando la programación para permitir una mejor posibilidad para el futuro.

De acuerdo a los budistas, hay algunos que de hecho retienen su memoria. Las personas que logran esto, se les llama "boddishatvas." Boddishatvas significa literalmente "aquel cuya esencia es la iluminación," o sea, alguien que ha alcanzado la iluminación pero elige permanecer o regresar a este mundo para ayudar a otros en su camino. La mayoría de nosotros, sin embargo, parece que nos mantenemos reciclando sin ninguna memoria previa en el "nuevo" cuerpo.

¿Pero de cualquier modo, por qué nos mantenemos reciclando?

Durante el proceso en la asociación y personalización con el cuerpo, pensamientos y sentimientos, nos polarizamos. Esto parece ser un proceso automático y sostenido por todos aquellos que nos rodean, ya que también han tomado muy en serio la polarización. Nuestros juicios y preferencias, cualesquiera puntos de vista dogmáticos y prejuicios que mantenemos, todos ellos nacidos del pasado crean un desequilibrio interno. Este estado de desequilibrio es, a su vez, responsable del desarrollo y afianzamiento de las características de la sombra de si mismo.

El desequilibrio interno crea un estado de conflicto en nuestras mentes lo que, como anteriormente se menciono, puede manifestarse externa o internamente como una enfermedad física, mental o emocional; este conflicto contiene una carga muy similar a una batería que tiene carga negativa y positiva. Ninguna polaridad es buena o mala, ambas son necesarias para que sea de utilidad.

Es lo mismo con nosotros. El 95% aproximadamente de nuestra consciencia, de la cual estamos inconscientes, y aun nuestra sombra de la que huimos y negamos por vergüenza o miedo, ambas consciencia y sombra son partes valiosas de quienes somos. Ser libres de la sombra, significa reconocer los aspectos de la sombra, aceptándolos, examinándolos para mayor entendimiento, y entonces, integrarlos nuevamente dentro de nuestra consciencia de quien y lo que somos. Esta idea de abrazar nuestra sombra tiene un profundo significado para cada uno de nosotros, porque nos conduce hacia la sanación, equilibrio e integridad.

Así pues, aunque sintamos que nuestra sombra es vergonzosa o está llena de aspectos indignos de nosotros, es, en realidad lo opuesto. Como Carl Jung cita en *Aion*:

> "La sombra es un problema moral que reta a todo el ego-personalidad, ya que nadie puede hacerse consciente de la sombra, sin que eso involucre un considerable esfuerzo moral. El hacerse consciente de ello, infiere reconocer los aspectos oscuros de la personalidad como reales y presentes. Este acto es la condición esencial para cualquier clase de auto-conocimiento."

Y, es a través de conocer la sombra y abiertamente admitirla en nuestras vidas, lo que nos da control sobre nuestras vidas.

Imagínate un tubo de prueba, que marca la longitud espaciada del tubo y en espacios de 5% de la capacidad del tubo. Un 90% de este tubo es oscura y sombría y esto representa el subconsciente. El 5% restante representa la zona entre el subconsciente y el consciente y es gris y nebulosa, sin ser totalmente oscura, ni totalmente clara. El 5% restante es claro y representa la parte del consciente que creemos tener controlado.

El área entre el 5% en la punta del tubo, al 90% de la parte inferior es la información de la que estamos conscientes, pero la negamos. Cualquiera que sea la razón, la memoria contenida en esta región la consideramos dolorosa. Sabemos que se encuentra ahí, y en gran parte elegimos no hacer nada al respecto. No estamos conscientes ni siquiera de la parte inferior del 90%, así, que por el momento, no podemos hacer nada al respecto. Podemos, sin embargo, desarrollar la habilidad de trabajar con la información alojada en esa zona entre los aspectos de nosotros mismos que hemos aceptado y aquellos que hemos negado. Al ir descubriendo gradualmente la sombra y traerla a la luz, nuestro ser consciente se expande totalmente en lo que antes era sombra y se reduce el porcentaje de la sombra. Ahora el margen o frontera de nuestra nueva zona gris, se convierte en una área entre 85 y 90%. Y así que el camino hacia el auto-conocimiento se ha iniciado.

¿Desde el punto en que nos encontramos ahora, podemos siquiera imaginar que sería vivir la vida totalmente conscientes? ¿Podemos imaginar cómo sería vivir la vida sin ser víctimas del condicionamiento del subconsciente? Probablemente no, pero como cualquier camino, no es posible que podamos conocer las aventuras que nos esperan. Todo lo que necesitamos hacer es tomar el primer paso y abrirnos a la experiencia que el camino nos presente.

Hasta no tomar el primer paso, continuamos evitando el trato con nuestra sombra. Entre más huyamos de la sombra, más es la carga que se construye y entre mayor es la carga, el potencial para todavía más conflicto es más grande. Este ciclo continúa hasta que la carga no puede ser sostenida por más tiempo y se "desparrama" y se manifiesta.

Cuando esta carga escondida se desborda hacia afuera porque no hemos estado conscientes de la causa del conflicto en manifestación, entonces recurrimos a la culpa. Tratamos y controlamos la situación, mientras que también externamos la causa de nuestra molestia. Al tratar de solucionar el problema como si la causa fuera ajena a nosotros, de hecho nos aleja de la posibilidad de lograr un equilibrio interno. Al reconocer el papel que nuestra sombra ha jugado en la manifestación de nuestra angustia, bien puede ser el paso más poderoso –y frecuentemente más difícil– que podemos tomar para resolver la falta de equilibrio.

Conforme empezamos a ver hacia adentro, vemos el papel que la sombra ha jugado en crear la realidad que se está manifestando. Al cambiar nuestra relación con la sombra, eventualmente descubriremos que podemos extraer la carga de la situación. Cuando la carga no existe más, encontraremos la paz que originalmente habíamos estado buscando.

Estamos tan perdidos en el despliegue del drama, que es difícil aún imaginar que el balance interno y externo puede ser restituido al abrazar la sombra –sino es que literalmente imposible el entenderlo. El hecho que todos a nuestro alrededor están perdidos en dramas similares, hace todavía más difícil comprenderlo. Si hay un problema, el consenso general es que lo ha causado alguien más y que la única forma de manejarlo es arreglarlo. Así que cualquier modalidad que externemos, apoya la creencia de que el problema se encuentra afuera de nosotros y sólo puede ser resuelto si hacemos algo al respecto.

Es difícilmente sorprendente que todos sigamos este sendero. Aquellas voces que ofrecen alternativas son pocas y frecuentemente ahogadas por la mentalidad colectiva. Temerosos de ser diferentes, temerosos de encontrarse con sus auto-verdades personales… la mayoría busca la seguridad en la realidad del consenso general. Y aún más, esto con frecuencia es un acto no consciente.

Con pocos elementos en nuestro camino para poder resolver un problema desde una perspectiva diferente, tropezamos a lo largo, viviendo en la misma forma como lo hemos hecho por generaciones. El que este camino no sea completamente satisfactorio debe ser bastante obvio para todos nosotros, pero no existen alternativas a la vista… ¿Qué otra opción hay?

¿Habrá otro camino disponible para nosotros? Si se nos diera un modelo basado en amor incondicional que fuera efectivo, poderosos y creado para resoluciones de ganar-ganar ¿no lo aceptaríamos con los brazos abiertos? O, tal vez nos aislaríamos, tratando de encontrar faltas, fuera de las expectativas colectivas, y ante cualquier cuestionamiento o reto caer nuevamente en nuestro ya familiar recóndito agujero? Pareciera que somos totalmente reacios a que se nos vea diferente a aquellos que nos rodean. Nuestra educación –formal o no–, de manera muy efectiva, ha fallado en nutrirnos con la compasión y tolerancia.

Al viajar por el mundo, me he topado con muchas sociedades en las que existen patrones estereotípicos claramente definidos. Se asemejan a clubes pequeños, y, si nacemos dentro de ese club, se espera que juguemos las reglas por largo tiempo establecidas. Los extranjeros que viven en las áreas dominadas por esos "clubes" son excluidos de muchas de sus actividades sociales, por considerarse que son personas nuevas con ideas diferentes, color de piel diferente, o con vestimentas diferentes. Cuando las personas son aisladas de su comunidad, una respuesta común es crear otro "club" particular. Esto puede añadir más color y diversidad a la comunidad, o bien puede crear un conflicto. Ciertamente, los elementos extremistas de un club establecido pueden sentirse amenazados por la creación de un nuevo club y entonces se manifiesta el conflicto. Esto ocurre en todos los niveles de la sociedad. Aquellos miembros de cualquier sociedad que se vean amenazados o desestructurados, exteriorizan su inseguridad buscando a alguien, algún club, algún país a quien culpar.

Los intrincados patrones que propician la falta de percepción en reconocer la sombra y percibir los retos como causas ajenas, ha sido un esquema repetitivo por muchísimo tiempo. El resultado de esta creencia, es que se le ha dado tanto poder a la sombra que se ha vuelto algo "real." La única forma para lidiar con las manifestaciones "reales" de la sombra, es atraer más sombra que lidiar, al tratar de moderar, manipular, dominar o destruir aquello que se piensa es la causa del conflicto. Las personas que están perdidas en la sombra –sin importar quienes son– sólo pueden creer que pueden arreglar o controlar el desequilibrio evidente, edificando más muros, gastando más dinero, empleando más diplomacia, legislando más, o usando más la fuerza. No hay más salidas para aquellos que se encuentran inmersos en la sombra.

Para aquellos que empiezan a reconocer la sombra y ver a través de su propia experiencia, la forma tan poderosa e importante en la que la sombra ha estado creando su propia realidad, interna y externamente a la vez, ven los problemas "importantes" del mundo contemporáneo como si fueran insuperables. Creer que se puede cambiar un mundo del desequilibrio evidente con este enfoque, cuando parece ser un asunto de proporciones inmensas, es algo que va más allá de la capacidad de una persona. Es mucho más fácil, sin embargo, empezar por aplicar nuestro entendimiento hacia nuestro entorno más cercano: a nuestra familia y amigos. Podemos ver resultados inmediatos y nuestra familia y amigos se ven beneficiados.

Es muy común que las personas más cercanas a nosotros, son el mayor reto. Si la persona que más nos enfada con más intensidad fuera alguien que conociéramos socialmente, únicamente nos alejaríamos –sin problema. No es posible dejar de ver a nuestra madre, o cualquier otro pariente cercano. No es tan sencillo. Con frecuencia padres e hicos comparten una información similar; información que traen en su "mochila", y su historia es compartida, así como sus experiencias y su genética. Ya sea que estemos conscientes de ello o no, es precisamente la sombra compartida la que causa tensión, y es muy difícil entenderlo y hacer algo al respecto. Sin embargo se facilita considerablemente al darnos cuenta lo que sucede y aceptar nuestra responsabilidad en ello; pero alguien tiene que dar el primer paso hacia la reconciliación, o simplemente se seguirán repitiendo los mismos patrones de comportamiento. Los noviazgos y las parejas se atrajeron mutuamente por muchas razones, una de las cuales fue la sombra oculta del desamor. La compatibilidad significa que las personas están contentas y felices el uno con el otro. También puede significar que tienen problemas de sombra similares. Una vez que termina la luna de miel, surge la presencia de la sombra, y esta sombra siempre será un gran reto en su relación.

Es interesante observar lo que pasa cuando una persona experimenta la frustración en presencia de otra persona. Pareciera como si estuvieran afinando sus diapasones. Inconscientemente, cargamos en nuestra mochila aspectos de nosotros mismos con los que no nos sentimos cómodos: Emociones y sentimientos que nos avergüenzan, nos asustan y dominan y memorias que son retadoras. Estas memorias y sentimientos pueden ser como campos minados. En tanto caminemos cuidadosamente y evitemos las bombas, no explotaran en nuestros rostros. Desafortunadamente vamos este campo minado a ciegas, sin saber cuando se detonarán las cargas. Algunas veces es obvio. Por ejemplo, con la familia sabemos que las minas explotarán. O, al menos ésa es nuestra percepción. Desde luego, la otra persona tiene la misma percepción y empieza nuevamente el juego de la culpa recíproca.

Como se explica anteriormente, la información retenida en nuestro cuerpo –nuestras emociones, nuestros pensamientos, nuestra sombra– pueden considerarse como un solo paquete almacenado de frecuencias, y muchas cosas pueden detonar una reacción hacia estas frecuencias.

Sin embargo, no es solamente nuestro cuerpo el que mantiene frecuencias. El campo magnético de la tierra también tiene un amplio rango de frecuencias, y cualquiera de estas frecuencias puede ser un detonador. A esto se debe que muchas veces nos sintamos diferente, más o menos cómodos en ciertos ambientes. La frecuencia o información que se encuentre en un ambiente puede explicar el que a veces tengamos un dolor de cabeza o sintamos náuseas, agitación, somnolientos, o nos sintamos llenos de ansiedad (por ejemplo en un pasillo de aduana migratoria). Si no estamos conscientes que simplemente estamos reaccionando a las energías o frecuencias del ambiente, tendemos a culpar a la comida del avión o a otra persona. No estamos considerando que estamos en un relación severamente simbiótica con el planeta en que vivimos y que ambas partes somos receptores y transmisores de esa energía.

Así que ¿qué es lo que hacemos cuando nos ataca un dolor de cabeza? Decimos: "oh no, ahora tengo dolor de cabeza," ratificando que el dolor es "nuestro." Esta afirmación crea una conexión neuronal que creará amino-ácidos asociados con el dolor de cabeza y, ¡presto! Ahí está.

La mayoría de nosotros no nos damos cuenta de este proceso, y sucede tan rápidamente que no hay tiempo para detenerlo. Sin un instante para decirle "espera un momento, este dolor de cabeza no es mío, por qué me lo tomo tan personal". No suele ser, desde luego, tan sencillo y muchas veces, por ejemplo, el estrés que sufrimos se manifiesta en un dolor de cabeza. Todo lo que necesitamos hacer es retroceder un paso o dos y reconocer que el estrés, lo que aparentemente ocasionó el dolor de cabeza, tampoco era nuestro. Pero no tenemos directrices ni pautas, así que nos encontramos perdidos en la manifestación de síntomas.

De hecho, la red neuronal ya esta configurada debido a nuestros condicionamientos, así que sólo espera –como el campo minado– a que algo o alguien detone la reacción. Nos resulta tan fácil convertirnos en criaturas de hábitos, sin ninguna intención de serlo. Con sólo un poquito de consciencia, podemos empezar a cambiar nuestra realidad manifiesta hacia una realidad mejorada.

Después de una jornada de trabajo de dos semanas en Europa, recibí un e-mail de un participante. Ella me comentó que se despertó una mañana con un dolor de cabeza, pero al recordar que no era su dolor de cabeza, desapareció, seguramente buscando otra víctima. No más dolor de cabeza. Es tan fácil una vez si se sabe cómo hacerlo. Pero hay que percibirlo inmediatamente, porque si se le da mucha energía al dolor de cabeza, pronto se convierte en propio. Quizá se experimenten jaquecas u otro malestar en forma recurrente y no es posible imaginar que no sean tuyos. Esta identificación con este fenómeno es un hábito, y en tanto nos identifiquemos con dicho fenómeno, estamos apoyando el hábito.

Los patrones o conexiones neuronales son tan fuertes en nosotros que es necesario empezar por lo más sencillo para hacer adelantos, esencialmente estando pendientes del tiempo entre el estímulo y el enlace neuronal, dándonos el espacio de tiempo para "cambiar nuestra mentalidad."

Si una frecuencia externa empata con alguna frecuencia que sostenemos con cierta carga en nosotros, entonces detonará la explosión en el campo minado, liberando una corriente de neuro-péptidos en el cuerpo e inmediatamente creando una reacción psicológica que se encuentra fuera de nuestro control. Esto nos hace víctimas de la información almacenada en la mochila con escasa o ninguna consciencia de lo que nos está sucediendo y por supuesto mucho menos algún control.

Imaginamos que todos estamos radiando información como una estación de radio móvil. Podemos imaginar que todos estamos radiando amor y paz, la realidad es que la mayoría de las veces es diferente. Somos una mezcla compleja de transmisiones, combinada con los múltiples aspectos de nosotros mismos –ambas aspectos aquellos que hemos abrazado y los que hemos escondido en la mochila. Con o sin nuestro conocimiento, estamos diciendo al mundo qué es lo que estamos cargando en la mochila. Afortunadamente, no es mucha la gente que capta esta transmisión. Pero para aquellos que toman la información a manera personal, pensando que los sentimientos o pensamientos son de ellos, siguen dando vueltas en círculo…

Sin embargo, cuando hay una relación íntima entre dos personas, frecuentemente tienen la misma carga en su mochila. Cuando se atraen mutuamente y piensan el uno en el otro o hay un acercamiento íntimo, se detonan en ambos una afinación de diapasones y ambos tienen una reacción familiarmente incómoda. Si se asume que ambos continúen identificándose con los sentimientos que se han estimulado al unir sus vidas y prosigan percibiendo esos sentimientos como negativos, incómodos, o hasta amenazantes, entonces la conexión neuronal sólo esta bombeando más y más amino-ácidos asociados al sentimiento, lo cual se vuelve de hecho, muy poderoso. En tanto que cada uno de ellos dos continúe bajo el condicionamiento de culpa, estarán incrementando la carga entre ellos dos –ya sea que estén conscientes de esto o no.

Ejercicio

Imagínate que de hecho eres eterno. Imagínate que nacerás nuevamente. No como eres ahora, en tu cuerpo actual, sino la memoria de lo que piensas que eres ahora.

Harías algo diferente, sabiendo que vas a regresar un día y afrontar la situación? Serías más previsor o menos? Serías más considerado o menos?

Recuerda, que los pensamientos no son tuyos hasta que no los reclamas como propios. El pasado es el pasado y no debe controlar tu futuro de ninguna forma consciente o inconsciente.

8

El Corazon del Dilema

Hasta aquí, sólo hemos analizado el papel que juega la mente al crear y sostener una realidad o quizá una "percepción" que percibimos como real. Hemos visto como a través de la asociación, se hacen y se mantienen las conexiones neuronales, las que constantemente reaccionan a variados estímulos, transformando nuestra percepción en base a momento en momento, para adaptarla a nuestras creencias. Hay otra parte de nuestro cuerpo físico que ejerce control sobre nuestro sistema completo, uno que puede ser más conducente en crear nuestras reacciones y respuestas a la información que nos sale al encuentro en la vida. Se trata del corazón.

Después de la fertilización del huevo, se forma un disco embriónico y se desarrollan tres capas de células. Una de ellas es el comienzo de órganos sensitivos y el sistema nervioso, el segundo es el inicio de los sistemas circulatorio, el esqueleto y el muscular, y el tercero, desarrollará los sistemas digestivo y algunos glandulares. Se conforma el tubo del corazón e inicia la pulsación, e impulsa a la sangre para circular a través de los vasos sanguíneos del disco embriónico. Así que primero aparece el corazón antes que el cerebro, o si bien, que cualquier otra parte del cuerpo. Si de hecho, aparecieron las células que se desarrollarían en un cuerpo humano a su debido tiempo, pero al principio, justo ahí se encontraba ese latido del corazón.

Si se aplaude, se puede escuchar el sonido. Esto se asemeja al latido del corazón; se escucha el sonido del latido. Sin embargo si se escucha detenidamente los componentes de frecuencias de ese sonido, se puede distinguir algo parecido a una estructura de cuerdas musicales, que algunos llaman "armónica." Esta armonía cambia con cada latido. Esta es la música que el corazón le canta a cada una de las células del cuerpo. Generalmente esta música es al azar, pero algunas veces cae dentro de un patrón coherente. Esta energía-información-comunicación se transmite a cada célula del cuerpo y más allá.

De hecho el corazón, le canta a cada célula del cuerpo, y nosotros detectamos esa melodía como ondas de sonido. Podemos escuchar nuestro propio latido de nuestro corazón desde afuera de nuestro cuerpo… una transmisión que viene desde el propio corazón de nuestro ser.

Se cita a continuación un artículo titulado "Qué es la Inteligencia del Corazón" por James Barrett, escrito en Febrero de 2001.

"Investigaciones recientes han descubierto una sabiduría independiente que pertenece al corazón y que no es gobernada por ningún sistema del cuerpo. El corazón tiene neuronas celulares similares a aquellas que se encuentran en el cerebro, pero muestran una lógica innata al corazón. El corazón es autógeno, lo que significa que no requiere de señales del cerebro para latir. El impulso para contraerse se origina en el músculo en el propio músculo del corazón desde una porción pequeña de tejido llamado el nodo sinoauricular, integrado a la pared del aurículo correspondiente. Esto no depende de NINGUN estímulo externo y ninguna otra parte del cuerpo controla esta función. Alguien puede estar cerebralmente muerto y su corazón aún mantiene vivas las células. Cuando el corazón deja de latir el cuerpo comienza desintegrarse.

En el pasado se pensó que el cerebro era el organizador central del cuerpo. Hoy día sabemos que el corazón es la clave del ritmo regulador. El corazón recibe y traduce la información de los demás sistemas físicos, al igual que de componentes varios y esparce información energética hacia cada una de las células, incluyendo la estructura del ADN. La labor principal del corazón es mantener el balance en el cuerpo. Esta labor se lleva a cabo mediante cada latido -un promedio de 60 a 100 latidos por minuto. Dentro de cada latido existe una sinfonía de frecuencias que provocan las respuestas de otros sistemas. El resultado de la experiencia que se tiene física y emocionalmente.

La inteligencia del corazón es el tema central de muchos libros nuevos escritos por médicos eminentes e investigadores en la comunidad de medicina. Las propiedades sorprendentes del corazón y su influencia sobre otros sistemas del cuerpo, propiamente lo han colocado al centro de la investigación y trae consigo la conexión inevitable entre ciencia y espiritualidad.

La inteligencia del corazón es una frase que se usa para describir un sinfín de atributos de ondas de energía electromagnética que irradian del corazón e influyen en las funciones y sistemas del cuerpo físico, incluyendo al cerebro.

Cuando hay "coherencia con la relación Phi" en estos campos de energía, o en fase al campo de energía de relación Phi, se dan resultados benéficos en la mente y cuerpo.

A través de todas estas comunicaciones biológicas, el corazón tiene una influencia muy significativa sobre la función de nuestra mente y todos los sistemas del cuerpo.

Los campos electromagnéticos de los latidos del corazón generan ondas de presión, que sucesivamente generan neurotransmisores, y consecuentemente crean otras proteínas y hormonas. Este intercambio de energías a nivel celular manda cascadas de impulsos nerviosos y sus correspondientes químicos (proteínas) a través de todo el cuerpo. La carga da una sensación de Energía en moción: E-moción.

He llegado a creer lo que el antiguo texto Sufi cita: "un corazón abierto es el asiento de Dios, pero es una tumba cuando está cerrado."

Un corazón abierto tiene la habilidad de interpretar una amplia gama de frecuencias. Poéticamente se antoja pensar que la flexibilidad o apertura del corazón, dispuesto a recibir, puede ejecutar cualquier música. Cuando el corazón se cierra o agobia y pierde aunque sea un metrónomo de su latido, la música lo resiente y la habilidad de respuesta del cuerpo disminuye severamente. La comunicación necesita de un corazón abierto a fin de recibir aquello que se le comparte. Hay un estudio médico que se llama Las variables del Ritmo del Corazón. Se sabe que este es el único filamento entre cualquier enfermedad, desórdenes sociales y deterioro senil.

De acuerdo a esto, el cerebro no es responsable por la producción de proteínas, solamente acata las órdenes del corazón. El corazón tiene su propia inteligencia. ¿Entonces qué es lo que dicta al corazón acerca de cual información…. que música es la que va a tocar a las células y al mundo exterior?

Debe basarse en una combinación de genéticas, memorias álmicas, experiencias personales, y sombra acumulada. Un corazón contento tendrá la habilidad de danzar o cantar a través de cualquier tono que le proporcione su propio ambiente, mientras que un corazón cerrado pierde un tanto de esta habilidad. Si se asume que el corazón tiene neuro-células, ¿sería posible que el corazón posea una capacidad cerebral?

El citado artículo de James Barrett menciona que el corazón tiene su propia lógica innata. Si tal es el caso, significaría que ciertas frecuencias de información "externas" provocan que estas neuro-células se disparen dentro del corazón, para entonces jugar un rol en la producción de neuro-péptidos. Todo esto hace suponer que tal como el cerebro, el corazón podría haber desarrollado formas únicas de reacción/respuesta hacia diferentes frecuencias.

Dichas formas únicas se convierten en hábitos, que bien pueden ser reacciones inconscientes hacia estímulos externos. Luego entonces, parece que están fuera de nuestro control y pueden terminar por reforzar cualesquiera aspectos negativos del ser.

Aún cuando he invertido mucho tiempo y energía hablando de la sombra, no es mi intención parecer obsesivo con este aspecto de nuestro maquillaje. Sin embargo si creo que es importante reconocer qué tan inconscientes estamos de esto y a qué grado nos controla. Ciertamente nos beneficiaría mucho destapar tanta información como sea posible y hacerla de nuestro conocimiento consciente.

Pienso que nuestro cuerpo recuerda todo por lo que ha pasado –cada pensamiento, cada emoción. Nadie se pierde, nada se olvida. Quizá sea difícil tener el acceso a ese banco de memoria, pero eso no significa que no esté ahí.

Cuando estamos en medio de un trauma, y dependiendo de la habilidad que tengamos para afrontarlo cuando se presenta, podemos o bien abrazarlo y seguir adelante –esto significa que lo hemos encarado aunque sea superficialmente-, o bien trataremos de aniquilarlo.

No podemos simplemente borrar una memoria, pero si podemos negar que haya sucedido nunca. Esto pareciera ser un mecanismo de auto-protección, ya sea emocional, psicológica o fisiológicamente.

Al ser el corazón el centro de nuestro universo y muy posiblemente el centro mayor de control, el corazón recuerda la experiencia que hemos percibido como traumática. También recuerda la sensación o las frecuencias asociadas con el trauma e intenta evitar esas frecuencias mediante el proceso físico de la negación.

El corazón se empieza cerrar. Obviamente, no puede cerrarse totalmente, ya que moriríamos al hacerlo, pero si parece tener un mecanismo de defensa desde el cual se aísla o limita su habilidad para mantener comunicación abierta para su entorno cuando la información en ese ambiente se percibe como amenazante. Este es una conducta aprendida. Es muy improbable que un bebé tenga ese mecanismo de defensa cuando nace, sin embargo se adquiere a través de la experiencia personal. Esta clausura del corazón se traduce como la inhabilidad para sentir y establecer relación con toda la información que se recibe o capta a su alrededor.

El corazón puede tener tanto éxito en este proceso que conscientemente jamás se revisan eventos traumáticos. Los traumas pueden resurgir durante los estados de sueño, cuando la mente no se encuentra tan alerta y libre de situaciones rutinarias o perdida en trivialidades. El trauma puede resurgir cuando estamos cansados o estresados, pero para la mayoría de nosotros, la conexión del cerebro al corazón lleva a cabo su labor de protegernos de esas memorias que percibimos como traumáticas.

Cuando las memorias son tan intensas y su carga tan pesada, se mantiene brincando hacia nuestra consciencia, aún cuando estemos en una negación absoluta. No podemos deshacernos de la memoria… se encuentra siempre ahí, y es sólo a través del proceso de negación que se le esconde bajo la superficie, donde se ha convertido en parte del subconsciente que ejerce tanto control en nosotros.

Existe una fuerte posibilidad, de que aún cuando la memoria de un trauma sea enterrado en el subconsciente, esa memoria esté aún desempeñando un rol en las percepciones que tengamos del mundo. Esto refuerza la memoria, porque no solo no podemos negarlo de manera efectiva, pero se está recreando diariamente en nuestro mundo.

El grado en que estas memorias se manifiestan en nuestras vidas depende, yo creo, de la intensidad de la carga que hay en el subconsciente o la sombra que es parte de nosotros. Una carga ligera puede crear una pequeña manifestación o ninguna. La dificultad que tenemos radica en reconocer la fuente de las energías manifestantes, ya que la memoria que ayuda a crear nuestras percepciones, ha estado enterrada por largo tiempo… fuera de la vista, fuera de la mente.

Resulta interesante hacer esta conexión entre la información como una colección de varias frecuencias, el latido del corazón, las neuro-células en el cerebro y el corazón. Como ya se mencionó antes, al crear un estado repetitivo, una identificación habitual con ciertas frecuencias, la red neuronal en el corazón/cerebro formará conexiones. Al paso del tiempo, estas conexiones pueden quedar presas y en cualquier momento que el cuerpo escoja una frecuencia del recuerdo estresante, inmediatamente se detonará una reacción predeterminada, creando una sensación molesta. El corazón parece jugar un papel importante en como el cerebro hace las conexiones.

Cuando nuestro entorno trata de recordarnos de nuestro pasado, amablemente o no tanto, es posible que esté reforzando algunas conexiones neuronales en particular. Repito, este proceso parece estar fuera de nuestro control. Luego entonces, esto tiene el efecto de hacernos sentir víctimas de nuestras memorias. Sin importar que tan lejos nos podamos mover de nuestro pasado, en tanto haya cualquier identificación con algún trauma interno del cuerpo, continuaremos proyectando hacia afuera ese efecto. Y, el mundo en el que nos encontramos continuará jalando el gatillo de viejas memorias que hace mucho nos hemos mantenido negando.

Cuando dos personas se unen o reúnen sosteniendo algo en común dentro de sus sombras, esto hace estallar uno de los campos minados de ambos, y la vieja memoria de alguna herida aparece y toma el control. Esto es algo tan establecido que ambos son impotentes para cambiar la reacción. Cada uno se sube a su carrusel de negación para tratar y lidiar con el dolor de la circunstancia. Esto a su vez, provoca que el corazón intente cerrarse más, excluyendo la memoria, pero ya es tarde. El corazón / cerebro ya han hecho la conexión, y los químicos una vez más fluyen a través del cuerpo. Dada la ausencia de una causa física para generar esta reacción, se supone que es una respuesta emocional. Lo que trato de explorar aquí es el por qué existe reacciones tan fuertes y qué se puede hacer al respecto.

En una ocasión me encontraba con unos amigos y todo iba muy bien, hasta que alguien noto la ausencia de la novia de uno de ellos. Este hombre era de naturaleza callada y tímida y obviamente se sintió apenado por la alusión pública de la ausencia de su novia. Rápidamente se notó el cambio en él, de estar relajado y contento a un estado emocional inquieto. Lleno de agitación, incómodo…. su piel se torn roja y se puso en actitud defensiva para tornarse al final agresivo, en tanto que la red neuronal disparaba la memoria de la relación con la joven. Gradualmente pudo "tomar el control" de sí mismo nuevamente... en esencia, liberó la sensación y detuvo la producción de los químicos que habían causado esa molestia.

Ya se mencionó la "zona de confort" antes. Es la zona que representa un lugar de paz interna y contento. Recuerden, cuando decimos que estamos fuera de nuestra zona de confort, significa que estamos experimentando una situación que puede ser externamente amenazante, o bien estamos afrontando algún aspecto de nuestra sombra. Este amigo ciertamente estaba fuera de su zona de confort. Una memoria había sido detonada ocasionando que uno de sus campos minados explotara, y su reacción fue automática, en la que temporalmente perdió el control de su reacción por habérsele mencionado a la novia. Este es un ejemplo de victimización de la sombra. Se trato de una reacción fuerte que no paso inadvertida por todos los presentes, pero frecuentemente, nuestras reacciones no son tan obvias. Reaccionamos cuando se nos recuerda de nuestra sombra, la cual, desde luego está dentro de la gran área de nuestro subconsciente.

Todo lo tiempo nos encontramos reaccionando o respondiendo a la información, pero cuando estamos autoabsortos, no nos damos cuenta de ningún cambio en nuestro estado mental, emocional o físico. La información que estamos captando nos es transmitida por el corazón –o no-, todo depende de la habilidad del corazón para recibir la comunicación. Cuando el corazón está "abierto", lo que implica que no está recordando ningún aspecto de sombra, sólo está abrazando toda la información que recibe, sin juicios, sin miedos, sin fugas, simplemente recibiendo lo que se dé. Esto, desde luego, involucra muchos factores, y por lo tanto es muy relativo.

Podemos negar la existencia de la sombra toda nuestra vida. Negar la sensación de incomodidad, negar la sensación de amenaza. Si somos maestros en el arte de la negación, nada parece atemorizarnos o causarnos problema. Podemos pensar que tenemos el control de nuestros sentimientos y que eso es bueno, pero cuando se niegan los sentimientos, estamos física, mental y emocionalmente en riesgo. Cuando se cierra el corazón, ha perdido algo de su habilidad para estar disponible. Más simple, la sombra o la parte que negamos de nuestro ser está tomando el control, sin que (por supuesto) nos demos cuenta.

Cuando el corazón energéticamente, no puede sentir o aceptar la información, sin caer en una reacción negativa, el único camino donde se encuentra a salvo es a través de la manipulación del ambiente externo, de tal manera que evite sentir más los efectos de la información. Si el individuo tiene que modificar la realidad en que se encuentra hacia un sentimiento de seguridad, lo más factible es que alguna otra persona resulte afectada —o sea la persona o personas a quien el individuo esté culpando por su malestar-. Esta es difícilmente una situación de ganar-ganar. La causa real del malestar del individuo es un corazón cerrado y, en tanto la persona busque respuestas afuera, el corazón nunca aprenderá a mantenerse abierto.

Pareciera ser que en tanto se estén buscando las respuestas afuera de nosotros mismos, no solamente nuestros corazones nunca aprenderán a mantenerse abiertos, confiando y amando, sino por el contrario se cerrarán aún más. Cuando el corazón se cierra, pierde flexibilidad y se convierte en un corazón temeroso. Un corazón temeroso transmite su temor al resto de las células en el cuerpo, causando los químicos de naturaleza destructiva invadan el cuerpo, y por lo tanto transmitiendo ese mensaje al mundo. Simplemente por la naturaleza de causa y efecto –atrayendo lo semejante– el corazón temeroso se encuentra a si mismo en situaciones mucho más temerosas y está bajo una presión constante para corregir dichas situaciones. Al tratar de hacer esto, ejerce todavía más presión sobre su entorno y sobre aquellos a quienes culpa por su propia inseguridad.

Una pareja asistió a un taller de tres días que se llevaba a cabo en la propia casa de la esposa en la provincia donde había vivido antes de casarse. Cuando esta pareja contrajo matrimonio, se habían mudado a un lugar lejos donde ambos establecieron su propia casa y como resultado, Ann (otro nombre) dedicaba menos tiempo a su mamá de lo que solía hacer en el pasado. Durante el segundo día del taller, Ann me dijo que tenía que visitar a su mamá esa tarde, aunque la idea no le agradaba. La relación con su mamá había sido bastante incómoda por mucho tiempo, y ella esperaba que esta vez solo sería más de lo mismo.

Sin embargo al día siguiente cuando Ann llegó al taller después de haber pasado la tarde anterior visitando a su mamá, se apareció con una sonrisa espléndida e irradiando paz. Ella compartió su historia con los demás participantes, platicando como había sido la relación hostil con su mamá hasta ahora. Entonces describió la visita a su mamá del día anterior y lo que había pasado en una o dos horas de su visita. Dijo que había sido fuera de lo común, pues había sido algo insólito y lo más afable que había vivido. Su esposo confirmo lo sucedido, al decir que se había quedado atónito y mudo al ver el cambio.

¿Qué fue lo que sucedió? ¿Qué hizo la diferencia? Lo único que se le ocurrió a Ann fue que había aplicado las enseñanzas de dos días de taller al reunirse con su mamá y el cambio fue extraordinario en ambas.

Aquí, como en cualquier relación difícil, tenemos a dos personas que se reúnen y que ambas comparten una memoria dolorosa y de sufrimiento. Y esto no es sólo entre parientes –puede suceder con algún compañero de trabajo o cualquier otro conocido casual.

En cualquier momento en que un individuo se conecta y comunica con alguien más, existe la posibilidad de que hay algo común entre ambos; algo que se oculta en sus mochilas (sombra). Y, cuando existe una sombra en común, cada uno de ellos dispara al otro y trae la sombra a la superficie. Cada uno de ellos cae en la negación y culpa al otro, lo cual empeora la situación. Entre más culpamos o externamos una causa aparente de nuestra molestia, más nos identificamos con la sensación de impotencia y hay más producción de químicos asociados a ese malestar. Así que nos encerramos en un círculo vicioso que si es continuo, lleva a más malestar todavía. Si este proceso continúa puede llevarnos más allá de nuestra zona de confort en la que creíamos estar seguros; la tensión se hace mayor entre ambas personas, hasta llegar al conflicto u hostilidad.

Así que volvemos a la mamá y a su hija, ambas experimentando el mismo dolor, cada una culpando a la otra –una situación que a muchos de nosotros, nos es familiar. Y, lo bueno sería que si viviéramos esa situación y notaríamos lo que está ocurriendo en lugar de perdernos en la reacción. Así que lo que paso con Ann, fue que al hablar del cómo y por qué desarrollamos patrones de una conducta condicionada, ella recordó la relación con su mamá. Ann debió darse cuenta que si había lo posibilidad de un cambio y mejoras en la situación con su mamá, a ella tenía que dar el primer paso.

Una vez que nos imaginamos que estamos perdidos en una relación de pleno conflicto, la forma común o aceptada de "lidiar" con el, se convierte per se en un reto. Se requiere afrontarlo y movernos más allá del condicionamiento que en si parece haber creado el estado de conflicto en primera instancia. Si hubiéramos podido afrontarlo y movernos más allá del condicionamiento, es factible que nunca nos hubiéramos encontrado en una situación tan molesta en absoluto.

Cuando surge la sombra, estamos –hasta cierto grado– impotentes. Si hubiéramos lidiado con la sombra de manera amorosa, no habría habido sombra. Pero al haberle dado a la sombra tanta energía en el pasado, se convierte en una fuerza poderosa en nuestra vida y juega un papel importante en nuestras experiencias y en como lidiamos con cualquier cosa que se presente. Así que la vida puede realmente parecer en verdad complicada. Llevamos esa desamorosa parte de sombra de nosotros, que nos empeñamos en negar, aún así, se encuentra presente.

La manifestación de la sombra regularmente crea tensión en las relaciones, ya sea contigo mismo o con otros. Estás tratando y lidiando no solo contigo mismo, sino también con la sombra que también es negada por la otra persona

–suponiendo que estás tratando de llegar a una solución, y no sólo perdiéndote en la confusión química que se produce en el cuerpo cuando pierde el control.

Ann se había perdido previamente en la confusión, así como también lo había hecho su madre. Es inaudito y sorprendente que hayan limitado tanto su tiempo para compartirse mutuamente –hasta el día en que Ann había participado dos días en el taller, donde se había hablado sobre el corazón y como se cierra, cayendo en una reacción negativa cuando se siente amenazado, mencionando también algunas razones que hacen que esto suceda. Esta forma de lidiar con la información establece un proceso de experimentar involuntariamente reacciones negativas hacia cierta información y que hemos juzgado previamente como negativa. No es de extrañar que tratemos y evitemos lidiar con la sombra; para muchos este proceso deben sentirlo muy desagradable.

Si nuestra realidad, como sea, ha sido creada por nuestra sombra, es muy improbable que tengamos éxito en pedirle a una persona que trate y re-establezca la armonía hacia esa realidad sin haber abrazado "la parte obscura." Hasta no percibir la causa de nuestro descontento, continuaremos culpando y externándolo, perpetuando y agravando la situación. Asimismo al pedirle a alguien que resuelva situaciones conflictivas en sus vidas, es similarmente desatinado y expuesto al fracaso. Debido a la naturaleza de la negación, es altamente retador ver el rol que hemos desempeñado en crear el conflicto que estamos experimentando. Si cada quien es el propio arquitecto de sus infortunios, entonces hemos cavado un hoyo muy profundo para nosotros mismos, y para salir de él debemos dejar de cavar. Pero trata de decirle esto a alguien que se encuentra en un hoyo. Simplemente no queremos oír acerca del rol que hemos jugado porque eso atrae el espectro de abrir la caja de Pandora, lo cual es muy abrumador.

Pero abrir esta caja no debe ser tan abrumador. Si vamos paso por paso en este proceso, lentamente llegamos hacia una forma diferente de vernos a nosotros mismos y a nuestra relación con lo externo… esto puede ser sencillo, seguro y aún divertido. Si tomamos muy en serio el aspecto desagradable de abrazar nuestra sombra, jamás podremos empezar el proceso. Para empezar, necesitamos redefinir nuestra relación con nosotros mismos. Podemos empezar por retirar presión sobre la información que llevamos en la mochila al no tomarnos a nosotros mismos tan en serio –es fácil decirlo, pero muy difícil llevarlo a cabo. No debemos precipitarnos al abordar este proceso, por ser un proceso tan difícil. Descartar tan de repente tantas cosas que has tomado tan en serio no sería posible. Así que recuerden…. Hay que dar pasos pequeños.

Empiecen con un sentimiento suave, no uno intenso que pueda tomar el control sobre ti, una vez que se aparece en tu consciencia, sino más bien que sea un sentimiento sin consecuencias. Durante el entrenamiento, es conveniente y ayuda si puedes enfocarte en otra persona y visualizar la información que está transmitiendo. Es fácil hacer esto, y de hecho, todo el tiempo lo hacemos. La mayoría de nosotros sin embargo no nos damos cuenta que lo hacemos. Cuando notamos algún pensamiento o sentimiento, el condicionamiento nos dicta pensar que es ¡nuestro! Entonces estamos perdidos nuevamente.

Para darnos cuenta de lo que nos está pasando de manera objetiva, necesitamos estar conscientes de lo que estamos sintiendo en cualquier circunstancia. Esta puede ser la parte más difícil del entrenamiento. Sentarse en calma, y enfocarnos en la respiración, relajándose, sin tratar de sentir algo. En mis años de experiencia, he encontrado que entre más se esfuerza la gente en sentir algo, es menor la posibilidad de lograrlo. Sólo manténgase aquietados y estén pendientes de cualesquiera pensamientos o emociones se aparezcan en su mente. De hecho el proceso de captar información en nuestra consciencia se lleva a cabo todo el tiempo, pero normalmente estamos tan ocupados que no nos damos cuenta de ello.

Cuando hay la intención de sólo sentarse en calma y atentos a este momento, traten de traer a la memoria un evento en el que se hayan sentido verdaderamente felices. Es posible que se sientan incapaces de visualizar, pero no importa. No es necesario visualizar una película de largo metraje, más bien se trata de un sentimiento momentáneo.

¿Pudieron sentir un cambio en sus pensamientos o sentimientos? La intensidad del pensamiento o el pensamiento no es importante, y no desechen ningún pensamiento o sentimiento "como" producto de su imaginación. Con la práctica, esto se vuelve más fácil y más evidente. Me ha pasado cuando me encuentro frente la computadora. Suspendo por un momento lo que estoy haciendo y empiezo a pensar en alguien cercano a mí y me percato de un fuerte cambio en lo que sintió mi cuerpo. Cuando uno se concentra en otra persona y nota un cambio en como se siente, física y emocionalmente, es muy posible por la fuerza de la costumbre, hayamos pensado que ese sentimiento era nuestro.

El sentimiento que se experimenta puede ser muy fuerte y es el que se reconoce como "nuestro." Simplemente el hecho de que el pensamiento sea tan familiar –algo con lo que se hayan identificado en el pasado– no significa que se sea o que haya sido suyo. Ustedes simplemente están reaccionando hacia un recuerdo. La transmisión de la otra persona puede detonar alguna carga de su "mochila, que puede propiciar o no una reacción física o emocional. Frecuentemente se da el caso que la detonación no provenga de la transmisión que ustedes eligieron, porque mayormente no tienen ninguna carga alrededor de esa frecuencia en particular. Sólo noten el cambio en ustedes y díganse "Este no es mi sentimiento, es sólo la forma en que mi cuerpo interpreta la información de eso o lo otro."

A menos que se hayan ustedes identificado fuertemente, consciente o inconscientemente con el sentimiento –mismo que haya ocasionado una cascada de reacciones químicas en su cuerpo– notarán que el sentimiento desaparece de su consciencia tan fácilmente como apareció.

Es natural que encontremos más fácil liberar la información que no dispare en nosotros una reacción fuerte en nuestro sistema. Entre más carga se acumule alrededor de cierta información o ciertas frecuencias, es más probable que la reacción sea más significativa. Entre más fuerte es una reacción, menor es control que tenemos sobre la situación que se desarrolle y al tener menor control, nos sentimos más impotentes y mayor es el esfuerzo por tratar de controlar la situación. Todo esto conduce a cavar más hondo el hoyo y que sea más difícil encontrar la salida. También esto nos impide responder de una forma más apropiada a las situaciones que se presentan en nuestra vida.

Cuando asociamos los pensamientos y los sentimientos que experimentamos ya sea con transmisiones de otra persona o energías ambientales, nos quitamos presión de encima. Esto nos permite sentir la información completa, sin pasar por una identificación condicionada con el pensamiento o sentimiento, que se da como resultado en una identificación del pasado, así como la personalización con los sentimientos dolorosos que hemos mantenido como nuestros, y, hemos estado padeciendo sus efectos.

Bien, al reconocer que los sentimientos no son nuestros, sino solamente sentimientos, le estamos diciendo a nuestro corazón "Esta bien, puedo sentir esto, y no me lastimará porque no es mío. No tengo por que llevar más a cuestas este sentimiento hacia mi futuro." Al practicar esto ahora y durante el día, gradualmente aprendemos a separar aquello que pensábamos que eran pensamientos y sentimientos nuestros, que proviene de lo que pescamos de otras personas y del medio ambiente.

Esto significa que hemos empezado el proceso de reabrir el corazón.

Si nos damos cuenta que un sentimiento, sea físico o emocional, no es nuestro, sino que más bien es sólo la reacción del cuerpo ante la información que está se está enganchando del medio ambiente, es más fácil para nosotros parar el juicio sobre si es bueno o malo. Durante los talleres muchas veces hemos sido testigos de cómo reacciona el cuerpo físicamente ante cierta información –ya sea que provenga del ambiente o de otra persona. Al aprender a conocer cuando esto sucede y se detiene, al cambiar el "canal" antes de que el proceso complete su ciclo para convertirlo en una realidad física, significa un paso muy importante para crear mayor libertad personal. Bien podemos imaginar que si muchos de los síntomas físicos que se viven no son nuestros, sino más bien una reacción del cuerpo a estímulos externos, entonces gran parte de lo que nos pasa es innecesario. Si se tuvieren los medios para poder determinar y actuar sobre lo que es y lo que no es nuestro antes de que un sentimiento se arraigara y manifestara más denso en el cuerpo, es inimaginable que tanto malestar físico se podría evitar.

En tanto continuemos personalizando e identificándonos con muchos –sino es que todos– los pensamientos y sentimientos que aparecen a lo largo del día en nuestra consciencia, estaremos estableciendo un juicio sobre esos sentimientos de malo o bueno, ya como un hábito. No estamos hablando ahora de juicios morales. Si no hubiera sombras, no habría patrones de conflicto en nosotros, y por lo tanto, nada que juzgar afuera de nosotros. El juicio al que nos referimos es esa voz interna que se percibe a si misma como mejor o peor que otros.

Mientras continuemos con los juicios, mantendremos un estado de ser polarizado, siempre en conflicto con otros y con el ambiente. El estado de conflicto simplemente es otra manifestación de la sombra, mostrándonos aspectos de nosotros mismos que todavía tenemos que abrazar y amar. Frecuentemente nos encontramos en un callejón sin salida, sintiéndonos seres separados aislados –siempre el "nosotros" y "ellos." Sin embargo cuando el apego a la personalidad se derrumba, al entender cuan interconectados estamos con los demás y nuestro ambiente. Pero, ¿cuáles son los pasos que podemos tomar que nos conduzcan fuera de este ciclo de creencias? Yo siento que es mediante la auto-observación de cualquier cambio que sintamos cuando estamos pensando en otra persona; empezamos a notar que mucha de la información con la que nos hemos asociado en el pasado –creyendo fielmente que era nuestra– no tiene de hecho, nada que ver con nosotros personalmente.

Al observar nuestras reacciones a las transmisiones energéticas de otros, empezamos a ver que no estamos tan aislados como pensábamos. Si estamos recogiendo información de otros y el ambiente, quiere decir que hay alguna fuerza, alguna inteligencia que se está conectando con nosotros. Cuando podemos ver que gran parte de lo que pensábamos que éramos se debe simplemente a como reaccionamos a la información recibida, también nos percatamos de que aquellos a nuestro alrededor afectados por nuestras transmisiones, no son tampoco, justo lo que ellos mismos pensaron que eran en el pasado.

Uno de los mayores beneficios al practicar esta apertura y sentirla y consecuentemente con el conocimiento de que el sentimiento no es nuestro, es que se detiene el proceso de juzgar el sentimiento como bueno o malo y simplemente se identifica como un sentimiento. Se vuelve mucho más fácil sentir un rango mayor de información sin juzgarlo, si se sabe que ese sentimiento no es nuestro. Al continuar aún en el viejo y condicionado camino de asociarse y personalizar cada pensamiento o sentimiento que se hace consciente no puede darnos ningún sentido de paz. Debido a la forma en que los recuerdos se sostienen o identifican en el corazón, tendríamos que continuar ese ciclo de enjuiciar la información en dos tambos –aquellos que nos son aceptables y aquellos que no lo son. En tanto busquemos la felicidad partiendo desde la sombra, esa felicidad nunca se materializa porque la sombra aún es responsable, en parte, de crear la realidad que continuamos manifestando.

Ejercicio

¿Has llegado a sentir que el corazón anhela abrirse explosivamente –de alegría o de tristeza? No como un ataque cardiaco, más bien el pericardio tratando de expandirse.

En nuestra experiencia, esto puede indicar que se le está pidiendo a tu corazón que abrace las frecuencias o información que negaste en el pasado o que juzgaste como malas. Si el corazón tiene su propia inteligencia innata, por consiguiente se infiere que también tiene memoria. Obviamente, si tienes un ataque cardiaco, busca asistencia médica inmediatamente, pero si sólo se trata del deseo de abrir tu corazón, ¿qué tienes que hacer?

Escucha a tu corazón para tomar un nuevo paso.

9

Abrazando la Sombra

*E*rwin Schrödinger cita en su libro *Mente y Materia* (*Mind and Matter*) lo siguiente: "La percepción mental del mundo de cada individuo es y permanece como una construcción mental y no puede comprobar ninguna otra existencia." No se trata del mundo que estamos creando, sino sólo nuestra percepción del mundo. Sin embargo, nuestra percepción del mundo está condicionada por una percepción colectiva, y esta última es la que está creando la realidad manifiesta.

Hay un sinfín de personas en el mundo hoy día que quieren la paz del mundo, sin embargo estamos muy lejos de acercarnos a este sueño, o por milenios ha sido así –sino es que siempre. ¿Por qué si tanta gente desea la paz, se mantiene ausente la paz? Inferimos que es la "sombra" la principal culpable.

Mucho se ha escrito sobre los velos –como la ambición, el miedo, la ignorancia– los que nos impiden ver nuestra verdadera naturaleza. Ignorancia: olvido total al momento del nacimiento; ambición: el deseo desmedido para que la personalidad sea tan feliz y segura como sea posible a cualquier costo; miedo: el miedo a lo desconocido que nos mantiene prisioneros a las creencias comunes de nuestros tiempos.

Para que manifestemos un mundo de paz, es necesario que encontremos primero la paz en nosotros mismos. Mientras estemos encerrados en juzgar a todos y a todo lo que nos rodea –producto de nuestra propia desazón– continuaremos en un estado de conflicto interno, que, por lo tanto, se manifiesta en el lo externo. No es de extrañarse que exista una paz tan limitada en la tierra. Es difícil evitar que los sentimientos quebranten nuestra verdadera naturaleza, cuando provienen de un estado de la necesidad de tener siempre la razón. Existimos desde el centro de nuestro propio universo, y yace una parte en nosotros que nos dice que nuestra "manera" es la mejor manera…. la forma correcta, especialmente cuando los demás difieren de nosotros.

La expresión de la sombra se ha manifestado tanto y se ha vuelto una realidad tan poderosa y dominante –mejor dicho, una percepción colectiva– que realmente parece que el único camino para lidiar con ella, es reforzar el control sobre la misma. Este proceso se asemeja mucho a un globo aerostático remontándose a las alturas. Si dejas de abastecer el aire caliente, el globo se irá al suelo y nadie quiere ser el primero en detener el abastecimiento de esa realidad, por miedo a lo que pueda suceder. Es poco probable que toda la energía sea eliminada de la percepción colectiva de un solo golpe; esto sería extremadamente traumático y nada aconsejable; es mejor que se disipe el aire caliente poco a poco y esperar a ver qué pasa.

Nuestra continua asociación con los sentimientos que aparecen en nuestra conciencia, se asemeja al aire caliente.

Lo que podemos hacer es decirnos: "Este es sólo un pensamiento, esto es sólo un sentimiento, no me voy a que perder en él porque no es mío," entonces empieza el proceso para desinflar el globo. Y ya que esos sentimientos no son míos, no los tengo que andar cargando por siempre en mi mochila, para que sean como una plaga que fastidie el futuro. Si no tomo en serio este sentimiento, entonces no lo juzgo. Sólo es un sentimiento, uno de tantos, pero sólo es un sentimiento. Un sentimiento, digamos un sentimiento de ansiedad… hmmm… no es nada agradable, si yo lo tomara en serio, pero, si dejo de identificarme con la ansiedad, entonces me estoy dando permiso de sentirlo sin perderme en él. Esto es, creo yo, muy importante. Estar dispuesto y ser capaz de sentir sin perderse en ello.

Pienso que una de las razones principales por la que muchos de nosotros evitamos abrirnos a los sentimientos del pasado, es porque tenemos escasos modelos que nos hayan enseñado otra forma de hacerlo. Quizá no hayamos tenido práctica alguna –ciertamente no cuando éramos jóvenes– en expresar nuestros sentimientos. Hay muchas razones por las que hayamos crecido sin haber tenido la habilidad de expresar nuestras emociones. Muchos niños, particularmente varones, no se les permite mostrar sus emociones. Quizá nos atemorice ser dominados por esas emociones, quedar a merced de su intensidad, o quizá temerosos del dolor causado por un recuerdo. Puede ser el miedo de que se nos vea como débiles o fuera de control. Una mente perdida por los efectos de la sombra, le pueden sobrar todo tipo de razones para continuar en la negación sobre lo que el cuerpo/mente está sintiendo.

Cuando el corazón reacciona a alguna información en la que constantemente nos hemos estado identificando, las neuronas se disparan en esos patrones predecibles del pasado, inundando el cuerpo con los mismos químicos y creando psicológicamente la misma realidad interna. Nos encontramos perdidos nuevamente. Es factible que tengamos una nueva experiencia –única en si que no tenga la reacción predeterminada. Nuestra respuesta/reacción hacia esta nueva experiencia será también producto de nuestro pasado. A pesar de no tengamos una memoria particular, podemos aún así trabajar con aquello que tengamos. Y no debemos olvidar el poder contenido en el subconsciente.

Así como el corazón responde a los estímulos externos y canta en acorde esa canción a todas las células del cuerpo, también emite las ondas de información relacionadas con el latido del corazón y, después, se asocia con los químicos igualmente asociados, como resultado de nuestra interacción con nuestro ambiente. Esta transmisión entonces influye nuestro entorno, atrayendo situaciones a nuestra vida que apoyan la forma en que nos estamos sintiendo. ¡Ahora si que estamos totalmente perdidos! y nuestro medio ambiente y las personas en él –todo lo confirma– acerca de lo que estamos sintiendo, y asimismo, justificando el hecho de habernos identificado con esos sentimientos en primer lugar. Difícilmente –ni duda cabe– que no muchos tratan o rompen los moldes de estos patrones –bien puede enloquecer a cualquiera que lo intente.

Despacito, mediante la práctica, empezamos a darnos cuenta que nosotros no somos nuestros pensamientos, ni nuestros sentimientos. No somos ni siquiera la experiencia vivida. Somos aquel o aquella que tiene la experiencia. Tantas veces en el pasado, hemos tomado la experiencia personalmente y al hacerlo, nos convertimos en la experiencia.

Esto nos puede dirigir a más confusión, ya que al perdernos en la experiencia, sólo se crea todavía otra experiencia más, y ya estando perdidos, nos hundimos en una percepción del mundo particular que no tiene base alguna con ningún hecho real.

Al desarrollar el no-juicio, que es producto de darse cuenta que ni los pensamientos ni los sentimientos que emergen a la conciencia tienen nada que ver con nosotros, estamos de hecho, aprendiendo a abrir nuestro corazón. Entrenar al corazón a estar abierto y sin miedo tiene tantos beneficios a tantos niveles, que es algo en lo que debemos trabajar un poco todos los días. Aún al tomar simplemente un punto de vista personal: al saber que nuestros corazones están cantando a cada una de las células de nuestro ser, no hace falta mucha imaginación para darse cuenta que si nuestros corazones cantan alegremente, canciones saludables, nuestro cuerpo recibe el beneficio. Si estamos cantando enojados, canciones temerosas, entonces nuestros cuerpos sufrirán.

Ann, la chica de quien hablé en el capítulo anterior, llevo esas palabras a su corazón el día que fue a visitar a su madre. Y aún cuando ambas en su naturaleza, transmitían todavía los aspectos amorosos y los de sombra, Ann reconoció lo que estaba pasando. En ese momento supo que ambas, su madre y ella estaban padeciendo el mismo dolor, el mismo sentido de desconexión. Así que en lugar de reaccionar, como lo había hecho en el pasado, se mantuvo en esa situación con un corazón abierto. Y ese corazón abierto se negó a identificarse o reaccionar a los químicos que su cuerpo había producido cada que había estado ante la presencia de su madre. Nos dijo que se había repetido una y otra vez a si misma: "este es sólo un sentimiento, no es mío." Muy pronto el cuerpo dejo de producir los quími- cos que habían estado creando una respuesta física hacia la situación, lo que ella había tomado como personal en el pasado, algo negativo y algo –ella creía– debía evitar.

Cuando ella empezó a practicar que el sentimiento aflorara, en vez de identificarse con él, Ann ya estaba apren- diendo a amar a su propia sombra. Al evitar las viejas y condicionadas reacciones, se creo un espacio en su corazón de seguridad en el que su madre literalmente entró sin que sus propios problemas también se detonaran. El conflicto sólo aparecía cuando ambas mantenían cerrado el corazón. Una vez que Ann dejo de identificarse con los sentimientos, sabiendo que no eran de ella… eran sólo sentimientos o memorias del pasado, ella estaba abriendo su corazón para recibir la transmisión de su madre sin juicios. Cuando Ann recibía la transmisión de su madre con juicios, provocaba la vieja reacción que la madre ya estaba condicionada a espe- rar. Así que en lugar de desarrollar esas tensiones, empezó a crecer la armonía entre ambas, y la herida que había lasti- mado a estas dos mujeres por tanto tiempo, al fin sanó.

Fue tan sencillo como eso. No hubo necesidad de que ninguna de ellas tratara de trabajar en los problemas desde la realidad en que habían creado y que habían estado con- viviendo ambas. Simplemente fue necesario que una de las personas involucradas empezara a practicar la compasión, con el deseo de ayudar a la otra para que no se tomara la situación personalmente.

Ustedes pueden pensar que al no identificarse con el sentimiento, se están retrocediendo hacia viejos patrones de negación o creando nuevos. No es el caso. La negación cierra el corazón y bloquea las memorias, ya que lo sentimientos se asocian de hecho con esas memorias. Un corazón cerrado no puede sentir y cuando el corazón es incapaz de sentir, cede el permiso al intelecto para crear un seguridad artificial a expensas de otros y del ambiente. Y ahí estamos nuevamente: Imponiendo nuestra seguridad sobre el mundo que nos rodea.

Al dejar de identificarnos con los sentimientos, permitimos que esos sentimientos realmente afloren en el cuerpo. Así que más que negar los sentimientos, que sólo los encierra, estamos en forma activa abriéndonos a más y más sentimientos. Alcanzamos un rango más amplio en sentir sentimientos porque ya no los tomamos tan en serio.

Sería irreal esperar que una persona que se ha pasado su vida evadiendo sus sentimientos, de repente se abriera para sentir todo. También es cierto que no todos, se han cerrado a sentir. Muchas personas, –personas que han sido extremadamente sensibles y quizá hayan tenido problema para establecer fronteras– consideran que lo que ellos sienten demasiado. Cada uno de nosotros siente y mucho, más de lo que llegamos a reconocer. Sentir no es el problema, es más bien es la habilidad de ser objetivos acerca del sentimiento, lo que no es fácil. Todos sentimos, pero la mayoría de nosotros nos perdemos en el sentimiento, lo que no nos deja espacio desde el cual podamos ser objetivos acerca de una dada situación.

En tanto un alto rango de emociones que estamos sintiendo se ajuste a la caja llamada "zona de confort," no pasa nada, estamos contentos y en paz con el mundo. La energía emocional que queda afuera de la zona de confort es con la que tenemos problema. Si nos hemos pasado la vida estableciendo el concepto de quienes somos y nos hemos apegado –como todos– a ese concepto, entonces cualquier cosa que no se ajuste a nuestra percepción de correcto o incorrecto; bueno o malo, lo rechazamos, mayormente sin ninguna consideración consciente.

Al considerar nuestro pasado, es ingenuo esperar que cualquiera de nosotros pueda abrirse a sentir todo, sin reserva alguna. Para ayudar a superar los retos obvios, necesitamos desarrollar una forma para ver quienes somos. Una forma que cambiará nuestra relación con la información que cargamos en la mochila. Es casi como si tuviéramos que volver a aprender a sentir nuevamente –sólo que esta vez desde una perspectiva de adulto.

Necesitamos encontrar un lugar seguro desde el cual podamos iniciar este viaje; un mapa confiable y muchos señalamientos a lo largo del camino, porque en el momento que nos sintamos inseguros, nos regresamos al viejo patrón de lidiar con lo que estamos viviendo –reaccionamos, culpamos y nos cerramos. La práctica de abrirse a que un sentimiento que pensemos provenga de alguien o algo, mantiene a salvo. Nos coloca en un espacio desde el cual podemos practicar ser observadores de un sentimiento. Al saber que el sentimiento es una transmisión que proviene de otra persona, hace que nos sintamos a salvo con lo que estamos sintiendo. Nos podemos decir por ejemplo "este es un sentimiento de ansiedad. Es así como se siente esta emoción. No es mío, sino simplemente estoy sintiendo una reacción/respuesta hacia el sentimiento de alguien."

Al hacer esto hemos dado un paso muy importante hacia la sanación de nuestro propio corazón. Ya no estamos negando los sentimientos, sino que hemos creado un espacio seguro desde el cual podemos empezar a sentir mucho más de lo que antes solíamos hacer sintiéndonos seguros. Cabe gran posibilidad de que nos perdamos de vez en vez a través del trayecto de la práctica. Subconscientemente, resonamos con personas que tienen problemas de sombra parecidos a los nuestros y esto dispara la cascada de respuesta química. Sin embargo al practicar abrirnos y repetirnos que ese sentimiento –cualquiera que fuere– no es nuestro, estamos re-calibrando la red neuronal del cerebro, enviando nuevos mensajes a nuestro corazón. Estamos sintiendo mucho más sin perdernos en el sentimiento.

Arnold Mindell –Doctor en Física, menciona en su libro *Soñando Despiertos* (*Dreaming While Awake*) muchas formas de lidiar con situaciones de tensión. Se cita lo siguiente:

"Otra forma es que nos salgamos del tiempo y espacio soltando nuestra identidad. Entonces nos volvemos lúcidos acerca de nuestra condición humana y antes de que se expresar cualquier manifestación sea negativa o positiva, nos volvemos ilimitados. Aún antes de hablar acerca de cualquier tensión, surge el cambio y nos liberamos del concepto tiempo y nos dejamos fluir. Estos instantes requieren de mucha consciencia, valor personal y flexibilidad."

Mindell habla esencialmente de la compasión y un corazón abierto. No estoy muy de acuerdo con sus comentarios acerca del nivel de reto que esto puede significar. Cualquier nivel retador es individualmente relativo a cada persona que esté llevando a cabo esta práctica. Si partimos de viejos patrones con los que nos relacionamos y tomamos todo lo que surja de forma personal, definitivamente estaremos ante un gran reto. Si podemos encontrar una forma diferente de relacionarnos con la información que se nos presente, esta práctica será fácil. Sin embargo, sin una práctica gradual que nos entrene a abrir el corazón mediante la redefinición de la forma de como reaccionamos o respondemos ante las experiencias de vida, concuerdo con Mindell que es necesario un alto nivel de consciencia, valor personal y flexibilidad que llegar a este estado ilimitante. De hecho, si a mi me hubiera llegado esta información sobre salirse del tiempo y espacio y no se me hubiera dado ninguna retroalimentación o guía previa, podría decir que hubiera sido casi imposible hacerlo…. como lo sugiere Mindell.

Pero, una vez que hemos descubierto el proceso implícito que el corazón lleva a cabo, se puede entender a lo que Mindell se refiere, ya que desde perspectiva del corazón, podemos ver como se puede llegar a este estado ilimitado más fácilmente. El corazón recoge las transmisiones energéticas, y aún antes de que podamos completar el ciclo de una respiración, ha empezado el proceso de la fabricación de químicos. Simultáneamente el corazón envía un mensaje al cerebro que añade fuerza a la cascada química, y de ese modo, reduce nuestra condición estado de seres altamente reactivos. Es un buen punto de partida conocer al menos, todo lo que sucede.

Al encontrar una forma para incrementar el lapso de tiempo entre la recepción de información del corazón y la reacción de transmitir esa información al cerebro, estamos creando un momento de elección. La vida debería ofrecer una serie de elecciones, pero en su lugar, se ha convertido en un continuum de momentos reactivos. Puede que pensemos que tenemos elecciones, pero el esquema interno, del cual elegimos, está muy limitado por nuestro pasado.

Uno de los primeros pasos que nos ayudan a elegir sin reaccionar, es el desarrollo en la habilidad de notar cualquier tipo de cambio en cómo y qué estamos sintiendo. Tenemos emociones y pensamos todo el tiempo, pero muy pocos de nosotros tomamos un tiempo para darnos cuenta.... ser los observadores. Estamos tan acostumbrados a identificarnos con "nuestros" pensamientos y sentimientos que resulta muy difícil escapar de esa naturaleza subjetiva. Si no sabemos lo que estamos sintiendo en cualquier momento dado, ¿cómo vamos a notar cualquier cambio de estado?

Es tan difícil ver a través del condicionamiento que está adherido al cuerpo físico porque nos hemos perdido a tal grado en la personalidad, que ignoramos el enfoque completo de lo que se significa ser objetivo acerca de todo lo que sucede. Hemos instalado todas las rutas neuronales, hemos establecido áreas muy limitadas donde nuestro corazón se siente a salvo, tenemos reacciones condicionadas acerca de casi todas las situaciones. Vamos a través de la vida pensando que todo está bajo control, hasta que se aprieta un botón, y alguna mina del campo minado explota, entonces, nos volcamos hacia una reacción predeterminada.

Si desarrollamos formas para liberar la carga de la sombra, en una forma sutil y sin ser amenazante, nos es más fácil rescatar alguna objetividad en nuestras vidas. Con esta objetividad viene una nueva consciencia sobre como estamos sosteniendo nuestra percepción de la realidad.... del mundo en el que vivimos. Estamos internamente enviando un mensaje a nuestro corazón, estamos diciéndole a nuestro corazón que está a salvo al sentir nuevamente las emociones pasadas y guardadas en la memoria como dolorosas. Podemos hacer esto y el corazón nos creerá porque hemos aprendido otra forma de estar en el mundo –una forma que deshace viejas conexiones neuronales, en lugar de reforzarlas; una forma que no nos catapulta hacia reacciones dolorosas cada vez que atrapamos información que alguna vez se almaceno en nuestra mochila.

Mientras continuemos identificándonos con patrones comunes sobre quienes somos, nuestra realidad externa nos refleja lo mismo en grados variables. Cualquiera que sea nuestra línea de expresión, ya sea por elección o impuesta o por alguna otra razón, encontraremos a otros que se ajustan en una categoría semejante y esta conjunción de mentes similares puede desarrollarse en una sub-cultura. Mucha gente encuentra una identificación personal a través de la asociación con una sub-cultura, lo que les da un sentido de pertenencia.... de identificación. Si tú eres músico, pasarás mucho tiempo con otros músicos y te inclinarás a asociarte más con personas que tocan la misma música que tú. Dentro de ese mundo de música, te defines a ti mismo por lo que tú haces; tú eres músico e interpretas este u otro tipo de música. Si eres piloto aviador, las posibilidades se dirigen hacia tu deleite por volar y tu mundo es la cabina de un avión. Te asocias con otras personas que también les gusta volar; ésta es tu identidad; eso es lo que tú eres. Somos eternamente mucho más que esas limitantes o asociaciones que pensamos que somos, pero la cuestión aquí es que en tanto pensemos de nosotros mismos en ser solamente "algo," el mundo refleja ese "algo" hacia nosotros y continuamente nos afirma que es eso lo que somos. Tendemos subconscientemente a crearnos un ambiente muy seguro. De tal manera que nuestras creencias y percepciones, nuestro lenguaje, nuestro color de piel, nuestra religión, nuestra nacionalidad, el equipo de futbol o basquetbol que apoyamos… todo juega un papel que crea una realidad con la que nos identificamos y de hecho, tomamos muy en serio.

Al cambiar o dejar de tomar nuestra realidad y a nosotros mismos tan en serio, nuestro mundo exterior también cambiará reflejándonos el cambio interno. ¿Por qué querrías cambiar tu realidad? A nivel personal, un mundo que ofrece tanto dolor y sufrimiento, es razón suficiente para buscar un cambio. A nivel de comunidad, sin importar quien tú creas que eres, imagínate en que forma la complejidad de quien eres, está afectando a todos a tu alrededor. Cada momento de cada día, el amor que eres y la sombra que llevas contigo afecta a aquellos que amas y –igualmente importante– a aquellos que no amas también. Si eres infeliz, si tu mundo es un lugar infeliz, esto sería una buena razón para cambiar. Si estás enojado y tu mundo es un lugar de frustración; si estás deprimido y tu mundo es lugar de depresión…. Todas estas son buenas razones para cambiar. Puedes ser una persona muy feliz, muy amorosa, y pensar que no necesitas ningún cambio, ya que tu mundo es un mundo feliz. Aún así tu mundo no está contenido dentro de una sub-cultura, tu mundo incluye todo en el mundo, sin excepción.

Mientras haya abusos de alguien o algo en el mundo, tu mundo no es tan feliz como quizá lo hayas pensado. El mantener una estado aislado o separado o de identificación con una sub-cultura, no cambia el hecho que tú eres parte del mundo. El mundo te afecta y tú estás afectando al mundo sólo por el hecho de ser quien eres. De hecho no tienes que hacer nada para afectar o cambiar el mundo, simplemente tienes que continuar siendo quien eres.

Para cambiar al mundo, primero tienes que cambiar tú mismo/a. En el mero proceso de cambiar tu mismo/a, el mundo cambiará…. No tienes que andar por ahí en el "haciendo" todo el tiempo. La transmisión de quien eres y en lo que te estás convirtiendo tiene un impacto profundo en el mundo. Sólo a través de tu propia práctica en esto, puedes ver los efectos que tus pensamientos y sentimientos tienen sobre tu entorno; puedes constatar como esos pensamientos y sentimientos están co-creando y sosteniendo tu percepción del mundo.

Podemos cambiar el concepto de quien creemos que somos al romper el ciclo, y desacelerar el tiempo hasta el punto donde podamos empezar a experimentar un pensamiento o un sentimiento, atrapándolo antes que sea agobiante.

El reto consiste en darse cuenta cuando un pensamiento o sentimiento emerge en nuestra consciencia, –como seguro sucederá y de hecho, sucede constantemente– y simplemente observar ese pensamiento o sentimiento. No tomes ese pensamiento o ese sentimiento en forma personal, no te identifiques con él. Es solamente un pensamiento. Es solamente un sentimiento. Una forma para entender y desarrollar esta práctica, es imaginar que cada pensamiento o sentimiento que aparezca en tu consciente, es un globo de helio. El globo puede tener una etiqueta que lo identifique representando un pensamiento o sentimiento particular. El globo puede tener algún color que asimismo tenga alguna asociación con un pensamiento o emoción que está siendo atraído hacia tu consciente. Entonces, en completa calma, te sientas a observar cada globo que surja en tu consciente. La práctica consiste en desarrollar la habilidad de observar los globos sin retener ninguno de ellos reclamándolos como propios.

Lo que sea que se presente, es sólo la información que emerge en tu consciente. Es muy común creer que los pensamientos y las emociones son propios, ya que en el pasado, continuamente te identificaste con ese pensamiento o ese sentimiento y lo catalogaste como tuyo. Habrá muchas ocasiones cuando tomes y sostengas uno o más globos; sólo se trata de un condicionamiento y esta tendencia se inclinará a desvanecerse con la práctica constante. A través de la afirmación repetida, una y otra vez, ya sea con o sin estar consciente, hará que esto parezca ser un aspecto de tu personalidad, una parte de quien tú crees que eres.

Cuando te aferras o personalizas un pensamiento o un sentimiento diciéndote "esto es mi pensamiento o mi sentimiento… es mi sistema de creencias," es cuando empiezas el proceso de cimentación de esa estructura neuronal. Y como ya se ha dicho antes, este proceso sólo proyecta más de lo mismo en tu futuro. El nacer en un cuerpo con genética y memoria álmica, es sólo el comienzo del viaje –al menos en lo que a realidad física respecta.

Ejercicio

Imagínate que llevas una mochila donde has colocado todas las experiencias con las que no quisiste lidiar en tu pasado. Imagínate que entre más has almacenado en la mochila, se ha vuelto más pesada. Y entre más peso lleva, es más factible que estés más susceptible a reacciones espontáneas cuando en cualquier momento alguien te empuja o presiona hacia una zona de tu pasado desamoroso.

¿Recuerdas algunos momentos en el que hayas reaccionado directamente debido a lo que algo o alguien hayan dicho o hecho?

¿Pudiste re-establecer el tu auto-control? ¿Te sentiste bien durante o después de tu reacción? ¿Se ha repetido la misma situación a lo largo de tu vida? ¿Te gustaría liberarte de esta carga que llevas contigo?

No esperes a tratar de cambiar tu mente ante la confrontación por un viejo patrón o una persona, porque la memoria se cuela y opera rápidamente, y ya sería muy tarde. Trata y trae a la mente alguna situación o persona que te frustra continuamente. Al reforzarse esta imagen en tu consciencia, nota como las emociones cambian en tu cuerpo. Al sentir cada ola de emoción, reconoce, una vez más, que esto sólo es una memoria del pasado, ya no te pertenece y déjala ir.

La práctica mejorará tu habilidad para superar la carga emocional.

10

Re-Abriendo el Corazon a Su Potencial Mas Alto

Desde nuestra temprana infancia, se nos condiciona a tomar los pensamientos y los sentimientos personalmente. Pareciera que esto es parte de lo que significa ser un humano, sin embargo no necesariamente es la imagen completa. Nos identificamos con esa información en parte porque es condición humana –o asumimos que es condición humana– y en parte porque nadie nos dice lo contrario. El hecho que tú hayas tomado una parte de la información y, con el tiempo, te hayas convertido en esa información, no significa que eso es lo que tú eres. Ciertamente, es en lo que te has convertido –y la lógica parecería indicarlo– quien serás mañana, pero no es lo que tú eres.

Para que nuestro camino en abrazar la sombra sea factible y práctico, podemos imaginarnos una serie pasos escalonados, cada uno alejándonos de formas de ser limitantes y antiguas hacia un lugar de auto-empoderamiento y compasión. La facilidad con la que realicemos esta transición depende en mucho de que tan "atorados" estemos en nuestras actuales. El grado en el que ahora nos tomamos a nosotros mismos y a nuestro drama tan personalmente y tan en serio, es producto de nuestro pasado, pero no importa de donde se haya originado –ya sea genéticamente, o memoria álmica, o experiencia personal. Puede parecernos que no tengamos control sobre el pasado, pero la meta no es el control del pasado. Todo lo que necesitamos hacer es simplemente reconocer el pasado por lo que es, nuestro pasado, y como tal, no debe controlar nuestro futuro. Es indudable que nuestro pasado puede guiarnos, mediante las lecciones aprendidas y la experiencia adquirida. Pero no hay necesidad que seamos víctimas del pasado.

Sólo por un momento, si es que aún no lo has hecho ya, acepta que somos seres humanos en forma humana, cada uno de nosotros enviando al mundo una miríada de señales complejas. Nuestras señales individuales se añaden y mezclan con una colección impresionante de otras señales o transmisiones que salen de las frecuencias del espectro electromagnético. Yo le llamo a esto la sopa cósmica. Quizá haya otros términos científicos, pero la frase "sopa cósmica" o tal vez "océano de consciencia," ambos términos traen a la mente la imagen que existimos en un mundo de información.

Ya debe ser obvio, hoy día, que estamos siendo afectados en diversas formas por toda la información que nos llega. También es evidente que hemos tomado de manera personal mucha de la información existente en la sopa cósmica. A la luz de que tal como nos relacionamos/reaccionamos a la información, ésta puede y crea sentimientos de gozo y felicidad; cuando se crea el dolor y la tristeza puede ayudarnos a salir de viejos patrones de manera de ser en una forma de ser muy nueva.

Nuestro corazón es un protagonista clave en el misterio de la vida, al transmitir –como lo hace– canciones complejas a cada célula de nuestro ser. ¿Nos sentimos felices cuando el corazón canta canciones felices? o ¿El corazón canta canciones felices porque nosotros nos sentimos felices? Podemos visualizar la felicidad como una condición donde no existen campos minados explotando en nuestro sistema…. sin substancias químicas que se disparen creando malestar a nuestro cuerpo. Pero en tanto hayamos negado cualquier parte de lo que somos, el estado de felicidad no puede durar mucho. Entre menos sombra carguemos en la mochila, nuestra permanencia en un estado de dicha se prolonga más y es más profunda.

Si existe cualquier parte en el corazón que esté cerrada para ser restaurada, o bloqueada e incapaz de bailar con toda las melodías de la sopa cósmica, entonces estaremos viviendo sólo una parte de nuestro potencial. Si el corazón se encuentra limitado en las canciones que puede cantar a las células, entonces el rango de los químicos que el cuerpo produce también será limitado. Si tu corazón no está cantando canciones de amor, los químicos que produce el cerebro tampoco pueden ser químicos amorosos ni sanos. Si tu corazón se encuentra cerrado debido a un malentendido de tu pasado remoto, re-abrir tu corazón a su potencial compasivo más alto se vuelve una prioridad apremiante.

Sin embargo, es poco factible que funcione la intención de apresurar la apertura del corazón. De hecho, puede causar más problemas de los se están tratando resolver. En pocas palabras, un corazón sano y confiado, es totalmente capaz de realizar el doble paso cósmico de Shiva o cualquier otro aspecto de lo divino. En un abrir y cerrar de ojos, se podrá armonizar y abrazar cualquier información que salga al encuentro.

Pero por el contrario, el corazón esconde una parte de sí aisladamente; herido y asustado por malos entendidos –reales o imaginarios. Cuando se le solicita que cante en escalas, hay algunas notas desafinadas, debido a que hay una carga alrededor de una situación que permanece en la consciencia y que evita volver a sentir el sufrimiento. Cuando cualquier estímulo externo empata con los frecuencias almacenadas de una memoria dolorosa, la resonancia solidarizada detona la memoria, se pierde el control el se vuelve a vivir el trauma. Este ciclo se repite una y otra vez y entre más nos esforzamos por enterrar información dolorosa del pasado, mayor es la carga que creamos en el desequilibrio y por ende, es más factible que tengamos serias confrontaciones en nuestro esfuerzo por resolver dicho desequilibrio.

Dicha confrontación se puede manifestar internamente como un problema de salud física o un desajuste mental o emocional. Externamente, se puede manifestar como una explosión violenta o el intento de manipular o controlar el ambiente o entorno. Puede darse el momento en que la carga llega a un grado de intensidad suficiente como para causar daño físico o emocional a otros, y en tal caso, ya no existe manera de razonar con la persona, debido a que está completamente perdida en su propia reacción. Ya no es posible que el individuo vea como llegó a ese estado, pues el mismo proceso en que se creó ese potencial, niega cualquier responsabilidad personal, y siempre culpa a otros de su ira y frustración que está sintiendo. La frustración y la ira son casos bastante extremos, que se toman como un ejemplo para ilustrar hasta que punto nos puede llevar este desequilibrio. Muchos de nosotros estamos lidiando con algún grado de desequilibrio, mayormente en base momentos –de un momento a otro; el hecho de no caer en la frustración o ira todo el tiempo, es sólo un indicio del nivel de carga que sostenemos o bien la habilidad de seguir en la negación de lo que nos está pasando.

Un corazón que está total o parcialmente cerrado, tiene el potencial de destruir a su anfitrión, al fracasar en encontrarse y compartir la información con su entorno. En la lucha por mantener el equilibrio interno, una persona puede continuar creyendo que se requiere aún mayor control sobre el ambiente externo. Esta creencia sólo se suma al total de su desequilibrio, buscando una justificación individual al sentir que todos los factores externos fueron responsables de su inseguridad y malestar. Presos en círculo destructivo y no muy feliz carrusel de alegría, no podemos ver la verdadera cause de nuestra inseguridad y nos creamos todavía más problemas a nosotros mismos y a nuestro entorno..

Imagínense sólo por un momento, que la sopa cósmica –este océano de consciencia en la que toda la vida está flotando– es un campo eléctrico. En este campo hay miles de voltios de información que sobrealimentan dicha sopa. Imagínense también su cuerpo, y en particular, su corazón que es una parte altamente sensible del equipo y de naturaleza eléctrica. Hemos sido diseñados para ser capaces de tener acceso a los miles de voltios que revolotean en la sopa cósmica. Sin embargo el "gerente de producción" tuvo un mal día cuando nos juntaron. El resultado fue que sólo fuimos capaces de lidiar con algunos voltios. No sabíamos que había un problema con nuestro equipo, ya que al ensamblarnos –todos juntos– en la misma línea de producción, el montón de cuerpos y corazones corrían con las mismas fallas, luego entonces, por default, todos estuvimos en la misma situación. Por lo tanto, nuestro equipo es defectuoso, sólo podemos tener acceso a un número limitado de voltios de información disponible, y tú –igual que todos los demás, o casi todos lo demás– infieren que es la única información que existe.

Se te olvido traer el manual, igual que a todos los demás. Como resultado, no hay referencia a la cual acudir que ayude a entender lo que está pasando. Así que las personas empiezan por elaborar sus propios manuales, autodeterminando la realidad en que supuestamente se encuentran. Esto desemboca en la elaboración de manuales muy interesantes (por ejemplo ¡éste!) que muchas veces están en conflicto con otros manuales. Podríamos señalar que esto es una de las maravillosas diversidades de la naturaleza humana, excepto cuando algunas personas consideran que su manual es el único acertado y tratan y logran venderlo a otros que se encontraban bastante contentos con sus propios manuales. Aumentan los conflictos que sobrevienen cuando los otros grupos piensan que tienen el manual correcto y se resisten a adoptar cualquier otro.

Todo esto sería muy divertido, si no fuera tan peligrosamente cercano a la verdad. También puede volverse muy confuso, al existir tantos manuales para escoger de aquellos que se inclinan a creer que con el manual de sus progenitores tienen suficiente.

La mayoría de los manuales funcionan –hasta cierto punto. Si no te cuestionas la validez de tu manual, lo más probable es que funcione hasta que fallezcas. Ya es tiempo de la verdad. Tiempo para descubrir si tu manual fue el correcto o no lo fue. Quizá hay o hubo algunos que cuestionaron su manual y quizá optaron por hacerlo a su manera y exploraron acerca de su propio potencial. Sus caminos pudieron haber incluido personas de todas las nacionalidades, todas las rutas en la vida, todas las persuasiones religiosas, todos los antecedentes socio-económicos, todas las profesiones. ¿Y que tal, si toda esas personas empezaron, independientemente uno del otro, a llegar a la misma conclusión? Por consiguiente, esa conclusión bien vale la pena darle un segundo vistazo.

Pienso que eso ha sucedido y está pasando al leer estas palabras. Yo creo que el nuevo manual habla acerca del corazón y nos muestra los medios y formas que nos ayudaran a cada uno de nosotros a abrir nuestro corazón más y más. Este manual, de hecho ha estado en el ambiente por mucho tiempo. Se le ha analizado e interpretado por eones, diluyéndose en el tiempo. El mensaje siempre ha estado ahí, pero no hemos tenido los oídos para escucharlo. Si la producción en línea del corazón tuvo sus fallas, también es cierto que ha tenido siempre el potencial para tener acceso a todo campo de información, para asimismo, podamos tener acceso a todas las opciones para re-calibrarlo, y hacer lo necesario para descubrir la verdadera naturaleza y potencial de lo que se supone que somos. Este, además, es un manual que acepta todos los demás manuales, sin hacer comparaciones de mejor o peor del uno con el otro.

Sin embargo, abrir de repente el corazón a miles de voltios puede ser catastrófico, así que debemos tener paciencia. Podemos abrir el corazón poco a poco, dando tiempo a nuestro corazón y nuestro sistema nervioso a ajustarse, a adaptarse a un marco más grande del que antes sosteníamos como la verdad. En este viaje nos dirigimos hacia algo que va más allá de nuestra imaginación, y de hecho es otra de las razones para tener paciencia. Al abrirse demasiado y tan rápidamente, puede causar mucha tensión en nuestro sistema nervioso, y, si aún falta mucha re-calibración en el sistema nervioso, puede dañar un circuito y propiciar un desajuste nervioso. Despacio, despacito, asegúrate que tu cuerpo y tu sistema nervioso se sientan cómodos con la información en incremento, antes de ir por más.

Frecuentemente uso la analogía de escalar el Monte Everest. Algunos –entre muchos de nosotros– nos podemos sentir impacientes por tener sólo dos semanas de vacaciones. Así que alguien puede alquilar un helicóptero para poder llegar a la cima del Monte Everest. Para empezar dudo mucho que el helicóptero de hecho alcance esa altura, pero sólo estamos suponiendo y para el efecto, supondremos que el helicóptero puede hacerlo. Así que nuestro turista vestido con una camiseta, shorts y sus sandalias, desciende en la cima de la montaña, y no pasan diez minutos en los que nuestro aventurero empieza a sufrir la falta de oxígeno y el frío intenso terminando así sus días de aventura. Si esta persona hubiera tomado el tiempo suficiente, se hubiera preparado apropiadamente, y hubiera escalado lentamente de un plano hacia otro, entonces se hubiera aclimatado a las condiciones y hubiera podido haber vivido para escalar otro día.

Esto mismo se aplica a la apertura del corazón. Ciertamente, podemos pretender, o más aún, tener la intención de ser compasivos, sin importar el estado de nuestro corazón, y también podemos hacer algo que beneficie a los demás y a nosotros mismos. Pero si realmente no podemos vivir en compasión, y que cada célula de nuestro cuerpo escuche la canción de amor desde nuestro corazón, entonces estamos, en verdad, transmitiendo una mensaje muy diferente.

Yo solía cuestionarme la interpretación del manual. Simplemente, no podía aceptar como acto de fe algunas de las percepciones que aparecían en mi consciencia. Podía tratar de aceptar, de aplicar algunas y ver si funcionaba y lentamente adoptarlas o adaptarlas en mi vida. Nunca me cuestioné si mi manual era el correcto o el mejor, ni siquiera si era el adecuado para los demás. No se debió a que asumí que era el correcto o el mejor, sino porque fue el que me toco y era con el que deseaba trabajar. Si a los demás les había ayudado trabajar con sus propios manuales…. maravilloso, pero yo no estaba interesado en que el mío fuera aceptado. Por supuesto que me pregunté por qué me había tocado esta particular interpretación de ese camino. ¿De donde provino el deseo o el conocimiento que me dirigía hacia ese particular camino? Yo no creo que sea el tipo de persona que se pare en medio de un salón lleno de gente y empiece a hablar cosas sin sentido pero, entonces… ¿Quién lo hace? Nosotros podemos creer en las palabras que hablamos, cuando las decimos, después de todo, son expresión de quienes somos. Quizá sea más apropiado decir que la expresión de quienes creemos ser en ese momento en el tiempo.

Yo les pido a las personas que participan en mis talleres que no crean una sola palabra de las que digo. Eso puede ser retador para aquellos que vienen con la intención de encontrar respuestas. Se puede ver que me oyen decir eso, pero muchos no aceptan que no quiero que me crean –por lo pronto…. no al principio. Muchas personas intentan tomarme en serio por el simple hecho que yo me encuentro parado frente al salón, mientras todos los demás están sentados. Esta no es una razón de peso para creerme. Yo le digo a la gente que no tengo las respuestas, sin embargo es inherente a la naturaleza de la personas mantenerse buscando nuevas formas de hacer la misma pregunta. Están buscando una afirmación definitiva, algo en lo que puedan descansar por un tiempo. Desean que alguien les diga "Así es como se hace." Yo no puedo decir eso, no puedo hacerlo, porque honestamente, no se como se hace. Todo lo que puedo hacer es compartir mis propias experiencias. He leído las aseveraciones de otras personas sobre "como se hace," de acuerdo a sus percepciones en el tiempo en que las escribieron. El hecho de que su punto de vista esté por escrito, no hace que sea verdad. Puede bien ser sólo un aspecto de la imagen completa, pero es la que se extrae de todo el contexto y se sostiene como algo especial, re-energizado por aquellos que lo leen, y entonces las palabras tienen a tener más importancia de la que ameritan.

Investíguenlo ustedes mismos. Yo sólo soy una guía en el camino, que comparto mi experiencia…. lo que quizá les pueda ayudar en su camino. Por lo menos yo sé que no sé. Su conocimiento personal proviene de su propia experiencia. Apliquen el conocimiento, la sabiduría, clasifíquenla, acepten lo que puedan y dejen el resto; descubran su verdad tanto como dure. Entonces suéltenla y tomen el siguiente paso.

Es muy posible que hacia donde nos estamos internando, es mucho más poderoso de lo que nos hayamos podido imaginar. Realmente como puede ser posible para un corazón cuyo acceso a la información es tan limitada, que ni siquiera empiece por entender lo que es una imagen más grande. El continuar identificándose con las cosas como comúnmente parecen ser, o como ustedes "saben" que han sido, no sólo los está limitando en su propio crecimiento, sino también en el crecimiento de aquellos que los rodean.

Los apoyos en sus pasos a seguir hacia un camino sin limitaciones que mencioné anteriormente, se asemejan a patrones de creencias en los que se apoyaron, pero una vez que cumplieron su propósito se descartan. El siguiente patrón de creencias y cada uno de los subsiguientes, será menos limitante, con menos restricciones que el anterior. Y, entonces lo dejamos ir y nos movemos hacia uno todavía con menos restricciones. Hay quienes han comentado que trabajar para lograr esta meta, es algo que se encuentra libre de cualquier creencia en particular. Esto no significa que no se crea en nada, sino más bien que no se esté apegado a cualquier creencia como una mejor que otra. Este desapego permite que la sinapsis neuronal responda a lo que se aparezca sin ningún pre-condicionamiento. Yo concuerdo que el desapego a cualquier sistema de creencias es parte del camino. Y también creo que si bien la iluminación quizá no sea el final del camino, en lo que concierne a una completa exploración de la consciencia, sí representa -en mucho– una meta para aquellos que practican esta técnica.

En cierta ocasión, se me pregunto que si nuestra realidad es en verdad una manifestación de aspiraciones internas, deseos, conflictos, juicios, etc. y que si la meta es llegar a la iluminación, ¿por qué tenemos que "soñar una realidad mejor?" Cual es el punto en soñar un nuevo sueño, cuando es tan sencillo volver a perderse en el sueño y percibir el nuevo sueño como la realidad, mismo que por su propia naturaleza, no es iluminación.

Mi respuesta en aquel entonces fue que, yo también, suponía que "el sueño" terminara para aquellos, una vez que fueran iluminados, sin embargo, al no ser yo un iluminado, no puedo comentar en lo que puede pasar al llegar a ese punto. (Y otra pregunta sin contestar sería si el individuo existirá después de haber llegado a la iluminación).

La razón para sugerir que más y más personas cambien sus sueños y sueñen una mejor realidad, es para que se creen mejores condiciones y poder ofrecer la oportunidad a otros que están más perdidos en la ilusión, a que despierten a su verdadera naturaleza. Mientras más personas vayan despertando, se van creando y expandiendo oportunidades hacia otros –perdidos en su sueño– a que visualicen a través de su sueño. Y, claro está, entre más personas despierten, se les facilita a los demás seguir sus pasos; al continuar en sus sueños que para muchos es una pesadilla, permanecerán en el miedo y la confusión.

Y, en tanto que las personas descubren el poder del sueño y que esto puede cambiar su sueño personal, afectando el sueño colectivo, se produce un estímulo para despertar más y más hacia un camino de consciencia e iluminación, y, en este proceso, se crea un mejor "realidad" para ellos, para su familia y los hijos de sus hijos.

Si tú te enojas con los demás, eso significa que estás enjuiciándolos, y sosteniendo la situación desde la dualidad lo que sólo crea más juicios; por lo tanto, puedes ver que siempre que estés juzgando, te conviertes en parte del problema, no la solución.

El pesimismo también es producto del sueño, y para la persona que se encuentra en el proceso del despertar, este sentimiento de desesperación es muy común. Aún cuando tú sientas que estás en lo correcto, y, si la mayoría de los que tienen el sueño de la separación, continúan en ese proceso por cinco millones de años, ciertamente en lo que a ti respecta, tu única tarea es alcanzar el estado de iluminación. Hasta entonces, no podrás ofrecer mucha ayuda a los demás; una vez que estés iluminado, podrás entonces ver a través del velo del drama, y entonces podrás decidir si sigues adelante o regresar como un aspirante a la iluminación (boddhishatva) y apoyar a otros que se encuentren listos y dispuestos a hacer el viaje.

Todo esto puede resultar muy difícil para todos aquellos que se encuentren tan perdidos, que ni siquiera han imaginado que existe otra forma de ser. Yo creo que todos podemos descubrir otra forma de ser cuando existe un ejemplo que podemos ver y seguir. La gente que está despertando a la necesidad de buscar otra forma de ser y los caminos para poder afianzar esa nueva forma de ser, están desempeñando un rol importante en facilitar el cambio. Estas personas están sustentando al mar de consciencia con mayor claridad, más amor y compasión, lo que da como resultado, generar la ayuda a otros que quizá ni siquiera hayan considerado esta posibilidad anteriormente. El efecto es exponencial.

Sin embargo, para cualquiera que quiera recorrer del A a la Z, no es muy realista, como ya lo mencione anteriormente. No es que sea imposible, pero no es realista. No podemos abarcar todo el alcance del pasado de un individuo y, si realmente somos un producto de nuestro pasado, los obstáculos que cada uno de nosotros afronta en este camino, varían enormemente. Para algunos será más fácil recorrer este camino que para otros.

Al ir cambiando lentamente tu percepción personal del mundo y fluyendo al paso que te sea conveniente y seguro, estás aprendiendo a amarte a ti mismo un poco más cada día, abrazando tu aspecto de sombra y ayudando a otros a encontrar una mayor paz y seguridad. Estás re-escribiendo tu historia, para que el día de mañana, tu pasado no represente una influencia controladora en tu vida, ya que has encontrado una nueva forma de relacionarte contigo mismo, así como con el "ambiente" externo.

La diferencia en este camino de introducir nuevos patrones de creencias que reemplacen los viejos patrones, radica en que cada creencia consecutiva está diseñada para ser menos y menos restrictiva. Muchos patrones de creencias representan lo opuesto, al establecer opciones y futuros tan limitados para aquellos que son sus seguidores.

Quizá haya quienes se preocupen al suponer que al soltar el pasado, y liberar el apego o asociación con cualesquiera pensamientos o sentimientos, ya no se experimentarán más pensamientos ni sentimientos en el futuro. La verdad es exactamente lo opuesto. Cuando no estamos embargados en pensamientos ni sentimientos de juicio, podemos experimentar un rango más amplio de pensamientos y sentimientos. A nivel físico esto ocurre debido a que dejamos de establecer juicios de un pensamiento o sentimiento, comparándolo como mejor o peor; el corazón ya no siente la necesidad de proyectar un bloqueo hacia ese pensamiento o sentimiento.

En tanto que el corazón se va sintiendo más confiado al no identificarse o personalizar la información que antes le recordaba algo traumático, se abre a recibir más del total de la información proveniente de la gran sopa cósmica. Como resultado, el cerebro se re-calibra y las viejas y condicionadas respuestas neurológicas se liberan para poder responder, más que reaccionar. Aún cuando estoy seguro que existen muchas reacciones neurológicas de las que no queremos liberarnos, por ejemplo, aquellas que mantienen nuestro sistema funcionando eficazmente. De lo que realmente nos queremos liberar es de cualesquiera conexiones que impidan la libertad de elección.

Mientras que el corazón se abre más y más a la información sin que se tome de manera personal, y mientras que el cerebro se re-calibra, va disminuyendo la necesidad permanente de seguir personalizando todo lo que aparezca. Por un momento dirijan su atención a la mochila. Una meta acariciada es la de vaciar la mochila, y ser libres de una vez por todas de todas las sombras del ser. Esto no es realmente la meta de este trabajo, más bien, se trata de que en base a una practica de día a día, se trabaje en cambiar nuestra relación con la información almacenada en la mochila. La diferencia en la forma que lidiamos con la energía almacenada en la mochila, nos lleva hacia un corazón más abierto, confiable y amoroso. Todo lo cual nos conduce hacia la liberación de viejas e incrustadas reacciones neurológicas; liberados para poder responder a futura información. Otro beneficio importante al cambiar nuestra relación con la sombra, consiste en detener –o al menos– reducir la información que colocamos en la mochila.

Al desarrollar la habilidad de no perderse en ningún pensamiento ni sentimiento, podemos empezar a sentirnos más seguros al experimentar un rango más amplio de sentimientos de lo solíamos sentir anteriormente. Desarrollamos nuevas formas para lidiar situaciones y descubrimos que podemos hacerle frente a los retos de la vida con mayor facilidad que en el pasado; de hecho, muchos de los retos dejan de presentarse porque ya no sostenemos una carga en contra de ellos. Desde luego, seguimos sintiendo, a decir verdad, sentimos más, pero ya no continuamos perdiéndonos tanto en el sentimiento.

Si pensamos que por no identificarnos o no experimentar apego con los pensamientos y sentimientos, vamos a reducir el flujo de pensamientos y sentimientos, simplemente no es verdad. Pero esto son sólo palabras, mis palabras, y todos necesitamos descubrir por nosotros mismos si estas palabras pueden resonar en nosotros.

Otra pregunta que se me hace con mucha frecuencia es: "¿Si no somos nuestros pensamientos ni nuestros sentimientos, qué somos?" Esto no es fácil de entender porque hasta que no hayamos por lo menos empezado a soltar el apego a lo que nosotros creemos que son nuestros pensamientos y nuestros sentimientos, resulta imposible "saber" lo que se encuentra más allá de esos viejos conceptos. La estructura con la que nos hemos asociado y sostenido, por su mera naturaleza, ha negado el acceso para responder a esa pregunta. No creo que sea posible saber quien eres, mientras estés asociado con los pensamientos y sentimientos. Pienso que esta es la razón por la que Buddha narraba historias y Jesús evangelizaba con parábolas. Nadie puede decirte quien eres, en tanto te sigas identificando con tu sombra, sencillamente tú no le creerías. Ni siquiera le escucharías. Y, no escucharás el mensaje hasta que no te encuentres listo para hacerlo. Cuando estés listo será porque tu corazón está libre del miedo y tu cerebro libre para responder. Tu pasado te ha preparado para ese momento, tal como un sembradío se prepara para recibir las semillas. Cuando llegas a este estado, todo parece tan obvio, tan sencillo. El viaje hacia ese lugar se realiza a través tu historia la que te ha dado la habilidad actual para ver al mundo, lo que sea que eso sea. Cada paso que tomas a lo largo del camino es tan importante como todos los demás.

Conforme llegas a saber –desde tu propia experiencia– más acerca de la verdadera naturaleza de quien eres, se vuelve más obvio de que es simplemente imposible entender la verdadera naturaleza de quien eres, mientras aún te encuentres perdido en el drama de tu personalidad -tus gustos, tus disgustos, tus juicios.

De cualquier manera, no se trata de dar una respuesta, más bien se trata de vivirla. La gente tiene a lo largo de su vida momentos de claridad, momentos de percepción, momentos de entendimiento. Normalmente, estos momentos no duran mucho. Se aparecen y desaparecen en un instante, dejándonos frecuentemente con la incertidumbre si realmente sucedieron. Y luego nos reintegramos al cuerpo y la personalidad fácil y rápidamente se abalanza, ya que el viejo condicionamiento se apresura a posesionarse –lo que es un regreso hacia un terreno seguro, mejor dicho, al terreno conocido. No podemos sostener la percepción porque nuestro pasado no nos ha preparado aún para ser capaces de permanecer conscientes de nuestros pensamientos, los que posiblemente se entretienen tratando de entender la revelación que acabamos de recibir. Cuando hacemos esto, nuevamente nos encontramos perdidos en los intentos mentales para racionalizar, y así nos perdemos de vivir el momentum.

Otro beneficio más al cambiar nuestra relación con la información almacenada en la mochila –o aún más, para vaciar un poco la mochila– consiste en que al reducir la carga, somos capaces de permanecer por más tiempo en momentos de claridad.

Si es verdad que creamos nuestra realidad, no por nuestros deseos ni mediante afirmaciones positivas, sino más bien por la totalidad que quienes somos, incluyendo la sombra del ser, entonces es fácil ver porque existe tanto conflicto en el mundo hoy día. Mucha gente ciertamente no vive en un mundo particularmente seguro o pacífico. Cuando y donde hay que legislar, solo para las personas puedan convivir, es signo de que cualquier cambio significativo va requerir un giro fundamental de modo de pensar. Si, en un nivel muy básico, estamos contribuyendo al estado actual de las cosas con poco y sin ningún esfuerzo consciente, solo y simplemente por ser quienes somos, se entiende por qué –en un nivel más consciente– hay tanto por hacer. Nuestra sombra inconscientemente se manifiesta y entonces, tratamos y arreglamos los resultados. La forma en que continuamos relacionándonos con nosotros mismos y con otros estimula y apoya que se siga manifestando la creación de nuestra percepción actual del mundo, que desde luego, está en conflicto con algunos otras percepciones del mundo.

Ejercicio

Como inicio, debemos entender que la experiencia de una emoción no nos matará, puede ser que eso parezca en el momento, pero en realidad, sólo estamos experimentando los resultados de la activación de ciertos químicos, que se han liberado en nuestro sistema. La próxima vez que sientas una emoción muy fuerte, retrocede un paso y recuerda de lo que se está tratando. Y no te olvides de respirar.

Entre más pronto podamos entender esto, más rápido se dará el cambio en la realidad manifiesta. Recuerden, una vez que están perdidos en la emoción, han perdido el control, y es muy difícil ser objetivo en lo que a energía emocional respecta. Serenamente, siéntense y practiquen la armonización con las situaciones y emociones.... Observen como se siente... entiendan que el sentimiento es realmente un resultado de un proceso químico, que con el tiempo, pueden aprender a controlar.

11

Soñar un Mundo Hecho Realidad

Los indígenas Australianos tienen la creencia a la que se refieren como "Tiempo de Sueños." Ellos creen que cada una de las tribus necesita estar soñando el sueño de su tribu para que se mantenga su realidad sobre la integridad de su tribu. Hay muchos sueños diferentes, cada uno de ellos juega un rol en mantener unidas sus culturas locales. Ellos tenían la creencia que si dejaban de soñar, su mundo, es decir su percepción del mundo se desmoronaba y dejaba de existir. Y esto, llevado hacia panorama más grande, es lo que está sucediendo ahora. Los indígenas eligieron libremente dejar de soñar en su sueño, pero empezaron a hacerlo, después de que los Europeos colonizaron su tierra. Durante años su cultura estuvo sepultada, lo que ha provocado que ahora la gente joven no sueñe más su sueño. Los jóvenes a no siguen los pasos de sus ancestros. Se puede observar esto como "progreso" o genocidio, dependiendo el "lado" que se escoja.

Este comportamiento de imponer una serie de creencias diferentes sobre una cultura indígena existente, ha formado parte de la colonización por milenios. Cuando una nueva cultura sobre-impone sus valores y sus sistemas de creencias, la cultura pre-existente es quebrantada. Los sueños cambian, y cambia también la realidad.

Aún cuando la mayoría de nosotros no denomina lo que hacemos como "soñar," no obstante estamos soñando nuestro sueño. Estamos soñando en nuestro mundo traído a la realidad, pero a diferencia de los indígenas Australianos, que sabían bien lo que hacían y el por qué, nosotros no estamos totalmente conscientes del su significado pleno de nuestras habilidades creativas.

Tal vez tengamos una fuerte sensación de que hemos perdido nuestra conexión con Dios, con nosotros mismos, con algo externo a nosotros. Parece ser que a través de la historia, la humanidad ha tenido la tendencia a sentirse que ha perdido "algo" y pasarse el resto de su vida aquí en la tierra, buscando lo perdido. La mayoría de nosotros externamos esa búsqueda. Y es durante el proceso de la búsqueda que posteriormente validamos la carga o la creencia de que estamos buscando algo y que la respuesta se encuentra "allá fuera." De hecho, incrementamos la carga al tratar de componer nuestro entorno.

Mientras que la mayoría de las personas que se encuentran perdidas en la separación, en el aislamiento, en el miedo, en el sufrimiento, alimenten su dolor, su sufrimiento, su falta de sopa cósmica, continuarán co-creando una percepción del mundo que parece incompleta, reflejando así su propio desequilibrio interno. Este es su sueño o quizá podría denominarse como ¿pesadilla? La percepción de su mundo se manifiesta en falta de amor, apoyo, escasez financiera, falta de alimento, cobijo, gozo, o en lo que sea. Cuando vemos que estamos apoyando esta percepción del mundo al sostener nuestras creencias personales sobre lo que es posible y lo que no lo es al negar nuestra sombra, entonces empezamos a reconocer que somos parte del problema. Y con este reconocimiento aparece la puerta de salida.

Una de las avenidas que se ha abierto en el pasado para aquellos que se han sentido desposeídos o ignorados, han sido las revoluciones. Las revoluciones sociales realmente nunca han cambiado el mundo de manera fundamental, sólo se cambian un conjunto de creencias para ser substituidas por otras. Desafortunadamente las "nuevas" creencias aún se encuentran regidas por el viejo paradigma o esquema. No puede ser de otra manera, debido a que la gente que tomo parte en la revolución están aún, intrínsecamente, involucrados con el mismo patrón de creencias fundamentales de aquellos contra quienes se sublevaron.

La gente que procura mejorar su posición en esta vida, se encuentra limitada a trabajar en avenidas comúnmenteaceptables, ya sean legales o no. Resulta tan bizarro imaginarse que existe cualquier camino fuera del consenso común, o una nueva forma de percibir el mundo, que aún si tratamos de liberarnos de las expectativas colectivas, la infraestructura para soportar caminos diferentes, es inexistente. Caemos fácilmente en los "viejos y conocidos caminos," a pesar de que no nos hayan servido de ningún bien en el pasado. "Es mejor malo por conocido que bueno por conocer."

Si no podemos encontrar paz en nuestro actual paradigma… en nuestra casa, en nuestro país, pues no hay muchas opciones para la mayoría. Si corremos con suerte, podemos buscar y encontrar otro lugar o situación y esperar que nuestras oraciones sean escuchadas. La emoción o distracción de lidiar con algo nuevo, nos puede mantener ocupados por un tiempo; es más y más de lo mismo porque, básicamente, nada ha cambiado. Tarde o temprano, cuando el pasado nos alcanza, nos mudamos, buscando la paz que creemos se encuentra allá fuera. Pero finalmente, estamos externando las mismas viejas transmisiones. Podemos huir de nuestra sombra, pero nunca escapamos de ella.

A través de los años en los que he estado compartiendo la información contenida en este libro, o mis talleres, siento que he cambiado. Es menos que imposible, al estar compartiendo esto y permanecer como la persona que solía ser antes. Una gran parte de ese cambio ha consistido en el incremento de consciencia sobre mi sombra. Gran parte de la sombra ya no la veo como mía, pues después de todo, conforme he liberado el apego a los gustos y dis-gustos.... a los juicios, la sombra me ha liberado de cualquier atadura. No puedo decir que ya no estoy a merced de cualquier sombra, porque seguramente hay áreas de las que no estoy consciente... áreas en que la sombra aún es fuerte. Todo lo que puedo decir es que al ir entendiendo esto más y más, lentamente, soy capaz de abrazar más y más partes "mi" sombra. Este es un camino y la meta, lo que sea y donde quiera que se encuentre, no es importante.

Aún sigo influenciado por mi pasado, lo que viví y cómo reaccioné, pero ahora reconozco que la sombra consiste en todos los aspectos desamorosos del ambiente colectivo, no del individuo. Es precisamente la forma en cómo, a través de nuestro camino personal, nos hemos asociado con el pasado.

Otro beneficio personal, en esta travesía de mi camino, consiste en la realización de que –desde mi tierna infancia– he sido extremadamente sensible. El ser tan sensible, puede ser que se vea no tan beneficioso, especialmente por aquellos tienen con poco o ningún control sobre su sensibilidad. De niño, aprendí a controlar –o quizá una mejor palabra sería a negar– mi sensibilidad, a fin de a sobrevivir a lo que quizá considere en aquel entonces, un ambiente hostil. Este camino me ha dado la oportunidad de empezar a abrirme, de sentirme a salvo una vez más, y estar en contacto con muchos de mis sentimientos. Pueden ustedes pensar que sea bueno o no, pero al observar que las enfermedades físicas y emocionales son en gran parte un producto de desequilibrio y estrés interno, personalmente siento que es mucho mejor que hagamos cualquier descarga sobre la energía de emociones negadas, a mantenerla almacenada pudriéndose en la mochila. Otra realización se refiere a que muchos de los sentimientos que llegué a sentir y que se apoderaron de mi en el pasado, no tenían nada que ver conmigo. Personalicé fuertemente esos sentimientos, identificándome con ellos, porque no conocía otra forma de lidiar con ellos. Esto no significa que hayan sido míos originalmente. Los hice míos al tomarlos en forma personal. Al hacerlos míos, los que eran dolorosos los hice a un lado, para que se situaran en el espacio infinito de mi mochila.

Tal vez todavía esté luchando un poco, al creer todavía que algunas de las memorias más intensas y sentimientos sean míos. El condicionamiento que experimentamos al ser niños, puede ser muy poderoso; y, hay partes de mi condicionamiento cuando niño, que no puedo ni mirar sin que me cause un verdadero problema, menos aún considerar que lo libere. Sin embargo, andando se hace el camino, y claro esta llevando a cabo la práctica de no tomar en forma personal aquello que se presente en el momento; también estamos aprendiendo a conectarnos con otros sentimientos más profundos –aquellos que se encuentran en el fondo de la mochila. La comunidad es una parte importante en este trayecto. Conforme empezamos a darnos cuenta de que la información almacenada como "sombra" es sólo información y por lo tanto, nos tomamos consciencia de que no debe ejercer ningún control en nuestras acciones y decisiones en el ahora. Al tener amigos que apoyen este conocimiento, nos ayuda a avanzar más allá de los viejos miedos y limitaciones.

Otro beneficio para aquellos que escogen este camino es estar conscientes de que no debe haber culpa. Cuando se practica el no-juicio, provoca una gran diferencia en la energía que se atrae a nuestras vidas, pero el no-juicio nos ayuda a reconocer que todos y cada uno de nosotros estamos igualmente perdidos en el drama de nuestra "creación" colectiva. Llegamos a comprender que todos, sin excepción, ha hecho y sigue haciendo lo mejor que puede.

Esto no es fácil de imaginar, más aún cuando miramos allá afuera y nuestra percepción sólo ve caos y abuso. Sin embargo cuando entendemos que todos y cada uno de nosotros somos un producto de nuestro pasado, con nuestros propios genes hereditarios, nuestras memorias álmicas, y nuestro propio condicionamiento, no es difícil darse cuenta que cada uno de nosotros hace lo mejor que puede, dadas las circunstancias. Pienso que a esto se refería Jesús, cuando repetidamente dijo: "No juzguéis a menos seáis juzgados." No podemos ni remotamente imaginar por qué la gente es como es, por qué hacen lo que hacen. No podemos seguir juzgando a nuestros padres por su paupérrimo rol en criarnos, no podemos culpar a nuestros hermanos, a nuestros jefes, nuestros gobernantes. No podemos culpar absolutamente a nadie.

Mi apertura…. mi sensibilidad personal del pasado, me hizo involucrarme en la energía de las personas y el ambiente, todo lo cual me hizo sentir agobiado. Sin ninguna consciencia de mi parte, me convertí en un poco de cada persona y de todo lo que circundaba mi mundo. Sin saberlo, no tenía muchas fronteras personales y, en las relaciones, me convertí o fundí con la personalidad de otra persona. Una parte muy importante en mi reto, fue el darme cuenta de lo que había pasado.

Por muchos años no tuve idea de lo que me estaba pasando. Por el contrario, después de un tiempo de haber tenido una relación muy cercana, me fundí en la personalidad de la otra persona. No siento que esa sea la forma correcta para establecer una relación, es como si uno se vendiera a si mismo, para poder estar con la otra persona. Entre tanto, la otra persona tiende a disgustarse con uno, porque no se es esa persona a quien la otra persona pensó estar relacionada. Se convierte uno en una mezcla del propio condicionamiento y del condicionamiento de otros. Esto tiene un efecto colateral, pues uno se vuelve la sombra de la otra personalidad reflejándose –como un espejo– hacia ellos. Esta situación yo la estuve viviendo en alto grado, no sólo en relaciones íntimas, sino también con amigos y socios en los negocios. Cuando estaba sólo, era yo mismo, o al menos pensaba que era yo mismo. Al retroceder a mi pasado, no puedo estar seguro de quien era ese ser. Otro aspecto importante y también co-lateral al perderme en dicha forma, fue el de no estar a gusto conmigo mismo –no me gustaba. Al no gustarme este "nuevo" yo, culpaba a la persona con quien me había "fundido." ¡Imagínense en tal circunstancia! Traten y desanúdense de esa situación. Como mencioné anteriormente, el mayor reto fue que ni siquiera me diera cuenta del hecho de que me estaba perdiendo a mi mismo –por supuesto, cuando no hay consciencia, ninguna situación es real. En lugar de eso, yo/nosotros queríamos tratar y resolver las diferencias que emergían del "extravío total" de una situación disfuncional en incremento.

¡Una total pesadilla!

¿Será posible que aún aquellos con una personalidad que se denomina "fuerte," puedan ser afectados, en un nivel u otro, por cada uno de aquellos que les rodean? Tal vez queramos mantener la idea de que somos seres aislados y separados, pero es imposible negar que un alto rango de información nos está afectando cada momento en nuestra vida; información que suponemos es externa. ¿A qué grado nos está afectando?... es algo que aún queda por ver.

Ha habido para mí un lado gratificador en esta mi actual personalidad, o mejor dicho esta creciente ausencia de personalidad. Y esta retribución es el despertar a la realidad en que los pensamientos y sentimientos que una vez pensé que eran míos, no son míos. Esto ha sido –y aún es– muy liberador. Quizá haya sido o no una debilidad de mi parte que hizo que me perdiera en la personalidad de aquellos que me rodeaban, pero eso ya no tiene importancia. Reconozco que –como el camaleón– me estaba adaptando a los cambiantes ambientes. Aún así, esta es otra de las herramientas de sobrevivencia que se suma a la negación.

La razón por la que me fundí tanto en otras personalidades, pudo deberse más a una ausencia de identificación con mi propia personalidad, más que a cualquier debilidad. Sé que esta falta de identificación con cualquier personalidad firme, me ha asistido cuando me paro enfrente de un grupo de personas para compartir este proceso. Me ha tocado ver a algunas personas docentes con una apego intenso a la personalidad y se puede sentir la ola de oposición en el salón, y se puede ver como burbujea en la superficie. Se puede observar que las personas simplemente no están recibiendo el mensaje. Muchos de los exponentes se han dejado llevar por una reacción inconsciente de la personalidad que está tratando de "decir" a los participantes "como es." En lo personal, y estoy seguro que para aquellos que han estudiado conmigo, estarán de acuerdo en que mi falta de personalidad crea una situación más liviana y menos retadora. Esto permite que los participantes asimilen más fácilmente la información, porque las partes de su personalidad que pudieran haber estado más sensibles hacia una personalidad con estilo dogmático por mi parte, no hubiera cumplido el propósito de provocar un despertar en ellos. No pretendo decir que nunca provoco la detonación de la sombra en las personas que asisten a mis talleres –si, si lo hago. Pero al mismo tiempo estoy sosteniendo para ellos un espacio en el corazón, para que puedan ver y avancen a través de esa carga que retenida en su sombra.

La liberación total de cualquier concepto del ser, sería –de acuerdo con las enseñanzas de Buddha– igual a mantenerse en un estado iluminado. Se dice que Buddha dijo que el apego a cualquier concepto del ser, era lo último en liberarse antes de llegar a la iluminación –también lo más difícil. No pretendo decir, ni siquiera que me acerco a ese estado. Sé que todavía me acorrala la sombra. Sin embargo, cada día estoy más y más consciente que la sombra no es mía, sólo es una sombra. El lado obscuro colectivo. Bueno, cuando: "Luke Skywalker abraza el lado obscuro, éste ya no tiene más poder sobre él." Si se resiste a la sombra, será tu eterna compañía. Es una idea interesante, y…. hasta que no lo intentes, nunca sabrás lo poderoso y liberador que es.

Resulta muy interesante observar como el lado obscuro ha sido representado a lo largo de la historia y como el miedo y la negación, han creado y ayudado a mantener el lado obscuro. A mayor poder que como individuos le demos al lado obscuro, al externar nuevamente nuestros miedos y aspectos ocultos del ser, crece más su fuerza. Cuando damos una energía suficiente a las creencias de suficiente gente, entonces aquello a lo que tememos –o no hemos confrontado personalmente– se manifestara en nuestro mundo, dándonos testimonio de nuestra habilidad co-creativa.

Puede ser difícil que veamos como se manifiesta la sombra porque estamos tan acostumbrados a ello, conviviendo en un mundo conocido, lo que nos hace creer que así es el mundo. De acuerdo a nuestros libros de historia, siempre ha sido así.

Y todo afuera muestra que es así, entonces tenemos que reaccionar de la misma forma. Después de todo, así es el mundo.

Pero si tan sólo pudiéramos ver que al reaccionar a lo que se manifiesta forma parte, en primera instancia, de la misma causa que lo crea, quizá entonces, podríamos detenernos para reflexionar sobre lo que realmente está pasando. De esta forma, podríamos, en lugar de reaccionar, pensar en otra alternativa de ser en este mundo. Al creer simplemente que las cosas son como son, no hace que sea verdad. Entre más nos apliquemos a esta nueva forma de ser, podemos entender más que nosotros, de hecho, estamos co-creando la realidad del sueño y más nos empoderamos para cambiar el sueño.

Cuando vemos como se manifiestan nuestras sombras en el mundo, se abre más la puerta hacia una alternativa para lidiar con esas sombras. Hemos descubierto una forma para lidiar con la sombra antes de que se manifieste. Se mencionó en capítulos anteriores al trabajo de Arnold Mindell, en que sugiere salirse del tiempo y espacio y ser ilimitados. Al llegar a esta consciencia y habilidad, ya ni siquiera se verá la manifestación de la sombra. Aquello que sostenía el potencial para manifestar una situación de estrés o molestia -un aspecto de la sombra– ya no tiene ninguna carga o poder en uno, porque se reconoce y se ama como parte uno mismo.

Mientras continuemos negando la existencia de la sombra y tratemos de arreglar el problema desde el sitio donde en primer lugar se creo el problema, entonces lo que dice Mindell es verdad: "...tales momentos requieren de mucha consciencia, valor personal y flexibilidad," y esto debido a que aún sentimos que los asuntos de confrontación son un reto para nosotros y los tomamos muy en serio. Al reconocer y explorar la sombra, podemos captar que esos asuntos manifiestos son, en parte, un producto de nuestro propias creencias conscientes o inconscientes y de nuestras expectativas. El siguiente paso sería cambiar nuestra relación con esas creencias y expectativas. Conforme estamos trabajando en esto, empieza a ceder la manifestación y no tenemos que lidiar con los problemas a nivel físico. Este resulta un concepto interesante cuando se aplica a la salud física de un individuo. Es mucho más sencillo lidiar con los asuntos a nivel energético, de lo que es lidiar con ellos cuando se manifiestan físicamente. La mayoría de nosotros espera a que esos asuntos se conviertan físicos y se manifiesten en enfermedades o desórdenes, y nos vemos obligados a recurrir a alguna intervención quirúrgica en un intento por recuperar el equilibrio físico. Para lidiar con asuntos a un nivel energético, es necesario tener consciencia y auto-responsabilidad, lamentablemente el paradigma colectivo actual incluye poca consciencia acerca de esto último y rechaza la auto-responsabilidad.

Para todos y cada uno de nosotros el que se acepte responsablemente que tenemos cualquier desequilibrio que se esté manifestando en nuestra vida, ya sea a nivel físico, interno o externo, sea emocional, mental, financiero o cualquier otro, no necesariamente significa que nosotros lo hemos creado. ¿Por qué querría cualquiera en sus cabales, crear un problema de pobreza o enfermedad? ¿Por qué querría alguien ofrecerse como víctima? Tú, el co-creador de tu mundo, quizá no tengas recuerdo alguno o entiendas el origen de la causa de cualquier desequilibrio que desató la manifestación de dicho desequilibrio. A esta etapa del camino, no es importante entender todo eso, aunque mucha gente piensa que si.

Creen que al entender la razón de lo que está pasando, avanzaran más allá de las limitaciones que su falta de entendimiento les está provocando. No siento que sea objetivo crear la expectativa de que las personas entiendan fácilmente la causa de su desequilibrio manifiesto. La energía que ha creado la realidad actual está tan absorta en la esencia de la percepción de lo que ellos creen ser, que sería totalmente fuera de lugar, preguntar los fundamentos en los que se ha basado su vida. No es posible, a menos que haya una nueva forma de percibir al ser.

Al continuar dando energía al problema que se percibe; al investigar y trabajar con la causa potencial, nos estamos diciendo a nosotros mismos: "Tengo un problema y debo trabajar mucho para resolverlo." Aún cuando aceptemos que hay parte de verdad en esa declaración –nos podemos detener a pensar en esto– nos percatamos que al identificarnos continuamente con el problema percibido, le estamos otorgando poder. Entre más se le empodere, más nos esforzamos en superarlo. Esto está pasando en ambos niveles: personal y global.

Lo que sucede cuando le restamos poder al "problema," es que la energía que se dedicaba a sostener un estado particular, es re-dirigida. La energía re-dirigida puede o no sanar una manifestación de desequilibrio. Entre más nos hayamos condicionado, subconscientemente, a creer que algo es verdad, mayor es la posibilidad de que se manifieste físicamente. Entre más físico se convierte un asunto, es más difícil convencerse a si mismo y al subconsciente, de que las cosas no son así. Aún cuando no se sienta un alivio inmediato de algún síntoma, al re-dirigir la energía y la consciencia, la mente se está re-calibrando lentamente, y por consiguiente, permitiendo y abriéndose a nuevas posibilidades.

No creo mucho en las afirmaciones positivas, y de hecho no lo estoy sugiriendo aquí. Más bien creo que mientras la sombra se encuentre escondida e ignorada, las afirmaciones positivas tienden a crear un conflicto interno más polarizado entre lo que se quiere y lo que se tiene. Ni siquiera estoy sugiriendo que se explore el lado obscuro, sino que simplemente se explore la relación del ser con uno mismo. Al intentar el cambio de relación con el ser a través de nosotros mismos, sin previa experiencia o consciencia, quizá no sea el camino más fácil a seguir, pero bien podemos empezar por hacerlo. Las afirmaciones positivas pueden ser útiles si se es capaz de hacer contacto con áreas del ser que estén causando malestar y comenzar a hacer cambios a la forma en como se reacciona a esas situaciones. Si se continúa negando la sombra y sólo se anda en búsqueda de una situación feliz, entonces quizá se esté creando una carga mayor a la que existía anteriormente.

Aceptar la responsabilidad, no significa que se sea culpable. Ya se ha mencionado repetidamente antes, que la culpa es algo que impide que muchas personas exploren a su ser con esta técnica. Tampoco se acepta la responsabilidad de auto-juicios del pasado. Recuerden, que todos hacemos lo mejor que podemos con las circunstancias que se dieron en el pasado. Al aceptar la responsabilidad de donde te encuentras ahora, simplemente está abriendo la puerta a una forma de ser totalmente nueva. Si soy responsable por lo que me está pasando ahora, puedo cambiar lo que sea necesario para vivir una vida más feliz y más abundante. En caso de no ser responsable, entonces debo buscar en mi entorno para ver quien o qué está involucrado, para entonces presionar, pedir, rezar a quien yo le haya otorgado el poder y esperar que mis oraciones sean escuchadas. Por cierto, les deseo mucha suerte si llegaran a pensar que un político va a solucionar los males del mundo, ya que deambula al igual que el resto de nosotros, presos del drama, tratando de manipular y controlar el drama para el beneficio de su partido.

Sólo al pretender por un momento que somos responsables de crear nuestra percepción actual, –que según Erwin Schröedinger, parecía ser verdaderamente la cuestión– esta realización nos da el poder para iniciar a explorar otras opciones que conlleven hacia la salud y felicidad. Podemos empezar por preguntarnos el ¿por qué creamos tales situaciones de vida?. Es una pregunta importante, y, si intentas y trabajas en ella desde tu actual consciencia, te arrobara durante los próximos cinco a diez años de tu vida. Si se buscan las respuestas, no es de gran ayuda. Es posible que descubras una respuesta, pero al tratar de ser objetivo en dicha respuesta, tal vez descubras también que la respuesta que elegiste, apoya tu actual opinión o tus percepciones de ti mismo. De tal suerte, que tienes la habilidad de justificar tus pensamientos, palabras y acciones mediante la lógica de tu mente racional. Esto realmente no es lo que te ayudará a internarte en ningún auto-empoderamiento o a encontrar una solución, ya que solo se trata de justificar la manifestación de un lado oscuro –sombra no reconocida.

En lugar de tratar y encontrar una razón por la que eres como tú piensas que eres, así como por qué te pasa lo que te pasa, la simple aceptación te conducirá a las respuestas que tanto buscas.

Ejercicios

Piensa en tu pasado y cómo ese pasado te ha traído a donde te encuentras ahora. Fíjate cómo las decisiones tomadas, consciente o inconscientemente, han creado el mundo en que vives ahora. Observa cómo las situaciones, aparentemente fuera de tu control, han contribuido a tu vida tal como parecen ser. Cuando puedes examinar tu vida de manera un poco más objetiva, es más sencillo aceptar la responsabilidad de tu pasado; de todo lo que cargas en la mochila, de toda tu sombra. Recuerda, que nada de esto tiene que ver con la culpa. En tanto puedas tener la habilidad de ver como tu pasado ha creado tu presente, entenderás también cómo tu presente está creando tu futuro. Una vez que puedas hacer eso, puedes conscientemente empezar a cambiar tu mente, y tomar cualesquiera pasos que sean necesarios para soñar en un nuevo futuro –un futuro que sea menos limitado por el pasado.

12

Viviendo Fuera del Estuche

Vamos a hablar un momento acerca del estuche en el que nos encontramos, el estuche de nuestra personalidad. Todos en el mundo tienen su estuche que le llaman "cuerpo," en el que alberga el espíritu, el alma, o lo que somos. Así que todos tenemos algo en común. El hecho de que los estuches o cuerpos estén divididos en dos categorías mayores, femenina y masculina, –y todos tienen diferente forma, color, tamaño– ha generado una fuente de conflicto por un muy largo tiempo. Es interesante cuando se piensa en esto, como la asociación con un modelo establece el conflicto con otros modelos. Sin considerar el sexo o color de piel, hay otros aspectos con los que nos identificamos.

Si repasamos algunas observaciones anteriores, hablamos de que tienes una memoria genética, una memoria álmica, una identidad cultural, lenguaje, etc., lo que forma una parte fundamental de la personalidad. Esto es la estructura o esquema en el que depositas la vestimenta del desarrollo de la personalidad. Tus gustos y dis-gustos, tus valores, tus esperanzas y expectativas; tus temores se entrelazan con todo y se convierte el todo en la personalidad de quien tú crees que eres. Podemos fácilmente visualizarte como un estuche donde puedes colocar todas las partes que crees forman lo que eres tú. En tanto que la información recibida se ajuste al estuche, es algo que puedes manejar, algo que encuentras fácil de aceptar. Por lo tanto, no es difícil imaginar que cualquier respuesta a cualquier cantidad de preguntas, tantas como te que puedas imaginar, sólo pueden ser reconocidas aceptadas por ti, siempre y cuando se adapten a tu percepción del mundo, o sea, tu estuche.

Muchos de nosotros hemos oído la expresión "no seas cuadrado". Al asumir que tenemos una razón para querer salir de ser cuadrados, la pregunta sería: ¿Cómo podemos hacerlo? Es necesario que tú mismo encuentres tus propias razones. Las mías puedo decir que mientras estoy en el estuche, estoy limitado, sujeto a las limitaciones y que lo único que puedo esperar, es más de lo mismo en el futuro. No puedo encontrar las respuestas a lo que sea que me esté causando problema dentro del estuche, ya que el permanecer dentro del mismo, fue lo que creó el problema en primera instancia. Razón suficiente en mí para tratar de buscar los bordes en el estuche y encontrar la salida fuera de los límites impuestos sobre mí.

Podemos asimismo, imaginar que la información almacenada en el centro del estuche contiene aquellos aspectos del ser que hemos abrazado amorosamente. Lo que se encuentra en el estuche por todos sus bordes internos, es información que ya sea que la hemos negado o nos falta por abrazar —nuestra sombra. La información más allá de los bordes se encuentra tan lejos de nuestra capacidad de entendimiento y aceptación, que no podemos ni siquiera imaginar qué es. Para la mayoría de las personas que están lidiando con su sombra, ya representa bastante reto, y aquello que es totalmente desconocido —más allá del estuche— no se encuentra en el radar de su consciencia. Dada nuestra percepción actual del mundo, lo que sea que se encuentre más allá del estuche, puede quedarse ahí. El pensar fuera del estuche se reduce a un ejercicio intelectual, tal como el pensamiento lateral, inventando nuevas formas para resolver problemas. Esto puede añadir sabiduría a la humanidad, y ha habido grandes mentes que tuvieron la capacidad de pensar fuera del estuche, sin embargo el problema para aquellos dentro del estuche es que cualquier información que provenga desde afuera del estuche, no es muy digerible.

Si retrocedemos al tema de los beneficios de cambiar nuestra relación con nuestro ser, —al estuche al que nos hemos apegado tanto— podemos ver que el simple concepto del estuche es sólo eso, un estuche, un concepto. Sin embargo para aquellos dentro del estuche, esta idea es incomprensible y hasta ahora tan fuera del marco del estuche, por lo que es tan insensata. Nos apresuramos rápidamente a descartar ideas o conceptos que están fuera del estuche, ya sea a través de la negación o de una reacción altamente irracional.

¿Qué hace que un estuche sea mejor o pero que cualquier otro? ¿Cómo puede una persona en su estuche personal o colectivo juzgar el estuche personal o colectivo de otro? Si tú te encuentras dentro de tu estuche, estás en el mismo barco que cualquier otro. Ya sea que trates de resolver tus problemas desde dentro de tu estuche y crear más conflicto con aquellos que viven en estuches diferentes, o, puedes ver hacia afuera del estuche. Pero, por las razones expuestas, no hay muchas personas que hagan esto último.

Al percibir el estuche como un concepto y observar como tantas personas perdidas en su estuche, quieren decirle a los demás de las alegrías de su propio estuche, o quizá traten de convencerlos de cambiar sus viejos estuches por otros nuevos, podemos entender por qué el mundo se ha desarrollado como lo ha hecho. Si nuestro concepto tiene carencias o está basado en el miedo y necesita de muchas riquezas para que se sienta feliz y seguro, entonces podemos justificar el que se tome cualquier cosa de quien sea para satisfacer esas necesidades. Podemos hacer hasta que Dios justifique nuestras acciones –un truco muy bueno para evadir cualquier responsabilidad. Todo se resume a qué es lo que creemos.

Un estuche puede ser un lugar seguro por algún tiempo, en tanto no venga alguien a tocar la puerta, vendiendo extensiones, o quizá tratando de renovar el viejo estuche, o, ¡que el cielo nos proteja! tratar de demolerlo con la mira de crear un "camino" hacia una "autopista." Tu estuche puede parecer un lugar todavía más seguro, si logras atraer a otros muchos a que se afilien a tus creencias fundamentales. Entonces puedes tener una religión, o un culto, o un partido político, o cualquier otra clase de grupo. Entre más gente crea en lo mismo que tú, se convierte más poderoso el grupo. La mayoría de los grupos son devotos del poder. Así que al atraer más adeptos se vuelve una forma para mantener la base del poder. Y es así como un concepto se vuelve una realidad.

Cuando dejas de unirte a patrón de creencia, es muy factible encontrar la oposición de los que aún creen en un concepto; esta es una reacción natural cuando se ve que un mundo se está derrumbando. Tarde o temprano sin embargo, lo superan y la historia se ha encargado de demostrarlo. Los patrones de creencias vienen y van. Y esto no siempre sucede de forma agradable, y, más de las veces hay resistencia a cambiar, lo que da por resultado severos conflictos. Lo que sea que haya sido o representado el concepto, se desvanecerá nuevamente en la sopa cósmica, de donde alguna vez se originó, quedando como un simple recuerdo en los libros de historia, y por algún tiempo en los relatos y las mentes de algunos, hasta que esto último también se desvanece. Como suele suceder, las creencias o conceptos se distorsionan a través del tiempo y tienen poca semejanza con el patrón de creencia de donde nacieron. Esta distorsión no es realmente importante, ya que el patrón de creencia "original" se basó en una historia anterior, que con toda seguridad ya había sido distorsionada.

Cuando se reta la veracidad de otra persona o grupo, se está uno buscando un problema. Al declarar que la realidad de quien sea es mejor o peor que la de cualquier otro, proviene definitivamente desde una posición de juicio. Si alguien viene y me dice que mi realidad tiene algunos problemas y además procede a darme instrucciones de cómo arreglarla, hay muchas formas posibles de cómo puedo reaccionar. Lo que siento es que me están acosando para moverme de mi zona cómoda y que abrace otra forma de ser o bien crea en algo que contradice mi convicción de lo que esta "bien." Esta intrusión generalmente se recibe con igual resistencia de mi parte, que de seguir presionando, conlleva al conflicto.

Un ataque a las murallas del estuche de alguien, garantiza un resultado que no va a ser felicidad duradera para ninguno de los involucrados. Hay que reconocer que tan sólo mencionar que alguien está perdido en su personalidad y bautizar esa personalidad como estuche, seguro se está buscando problemas. Así que, ¿qué podemos hacer?

Pienso que es necesario ver que sólo hay una persona en el planeta por quien fundamentalmente somos responsables –uno mismo. Una parte muy importante de nuestro trayecto es darse cuenta de los valores actuales, las creencias y percepciones que tenemos son transitorias y están basadas en suposiciones que en el mejor de los casos, se formaron en un terreno muy tambaleante. Con toda honestidad, la única persona por la que podemos "hacer" algo, es uno mismo. Podemos querer y tratar de ayudar a otros, pero en tanto estemos partiendo desde nuestras limitaciones personales, no podemos ayudar a largo plazo. Cuando tratamos y ayudamos a otros desde dentro de nuestra personalidad, todo lo que hacemos es ver a otros desde una visión y capacidad limitadas por nuestra personalidad, para entonces imponer a otros nuestras percepciones de nuestro también limitado ser. Esto tiende a crear un estado de confusión mayor, algo que requiere más ajustes. Y así nos estamos tan sólo dando vueltas y más vueltas.

Conforme re-dirigimos nuestra energía hacia el interior y nos sanamos a nosotros mismos, el mensaje que transmitimos desde nuestro corazón a nuestras células… a otros y a nuestro ambiente, es uno de mayor equilibrio. Poco a poco, proyectamos una imagen más completa y saludable; poco a poco, el universo responde al cambio interno que se está llevando a cabo en nosotros. Como ya se comentó anteriormente, si no entendemos que estamos dentro de un estuche y no nos damos cuenta que nuestro rol en esta vida esta co-creando nuestra realidad, entonces no hay nada que hacer –más que cambiar de doctor, de partido político, de institución bancaria, lo que sea.

Cuando se decide dar el primer paso hacia la aceptación de la parte que cada uno de nosotros juega en crear y sostener la percepción del mundo, nos movemos hacia un sitio de más empoderamiento. El primer paso es uno de muchos, y no es posible vislumbrar el segundo hasta no haber completado el primero –sin mencionar la meta. Así que para empezar este viaje, es necesario tener mucha fe en alguien o algo, o que haya un gran deseo de romper barreras. Si la fe es lo que nos motiva o nos da el valor para ir hacia adelante más allá de lo conocido, en ese caso mientras se va progresando a lo largo del camino, esa fe tendrá que ser substituida por conocimiento personal, de otra manera es factible que nos encontremos un día en el limbo sin camino de regreso, al menos aparentemente.

Es fácil, por un tiempo, sostener la fe en algo externo a uno mismo. El día vendrá, sin embargo, en que no se pueda seguir negando la sombra, y si aún así se ha empezado a hacer amigos con el lado obscuro, este puede ser un tiempo de mucho trastorno. El encuentro con y aceptación de aspectos de la sombra se le ha llamado frecuentemente: la noche obscura del alma. Cuando el pasado emerge en la consciencia con poca o ninguna preparación de nuestra parte, las emociones del pasado que han sido negadas pueden ser agobiantes. Esta es la razón por la que muchas tradiciones espirituales aconsejan se tenga un guía, o al menos, o un mapa, para saber donde se estaba y se pueda tener señales para regresar en caso de necesidad.

Se puede comparar con una persona que ha entrado en trance alucinógeno por drogas, y no estoy seguro, pero me parece que la droga abre la puerta al subconsciente, y si uno tiene demonios personales en algún recóndito lugar, la droga es una invitación para que salgan y jueguen un rato. Si se ha lidiado mucho con la sombra o no se ha lidiado en absoluto, se puede decir que se ha tenido un "buen viaje." Si aún hay muchos asuntos serios de la sombra y se recurre a las drogas, ¡Cuidado! Esto podría ser un "mal viaje."

Mucha gente "controla" su lado obscuro al negar constantemente que siquiera haya una sombra. Para otros, existe tanta carga, que la sombra se manifiesta fuera de control en sus vidas. Si como creo, todos somos producto de nuestro pasado, entonces todo es relativo, y el lado obscuro también es producto del pasado. El pasado nuestro y de nuestros ancestros. Esto no debe ser difícil de aceptar. Cuando se reflexiona en ello, es más difícil creer que no somos producto del pasado.

Al identificarse continuamente con el cuerpo y la personalidad, la sombra se re-crea de momento a momento. Después de todo, la sombra es sólo una memoria que se sigue tomando en forma personal –la forma en que nosotros o nuestros antepasados hemos lidiado, para bien o para mal, con las experiencias del pasado. Es el hecho de tomar la memoria en forma personal, ya sea en forma asertiva o negativa, lo crea la carga alrededor de la memoria llamada "sombra." Esto aplica tanto para memorias "buenas" como para las "malas." Podemos ser víctimas tanto de las buenas memorias, como de las malas. Cabe recordar aquí, que no hemos hecho nada malo. Es parte de la naturaleza humana tomar las experiencias en forma personal. Así como también es natural que nos perdamos en una identidad transitoria. Podemos compararlo con un juego de computadora, el jugador se involucra con los protagonistas del juego y se adentra perdiéndose en el juego, y se olvida del tiempo y espacio, llevando a cabo faenas y tareas. Es como si nos trasladáramos al set de escena o nos metiéramos en el programa de la televisión, y empezamos a protagonizar tan bien que convencemos a todos los que nos rodean que realmente somos ese personaje.

La dificultad está en reconocer que esto es justamente lo que nos está sucediendo, porque estamos tan profundamente envueltos en el drama, tan convencidos de que es real. Y aún cuando reconozcamos que éste es el caso, ¿cuáles son las alternativas a nuestro alcance? Por el momento, no muchas, y aquellas que están en oferta, son esencialmente más de lo mismo con diferente etiqueta. Es como si estuviéramos escogiendo un tapete de cuadritos, para encontrar aquel que nos convenga.

A través de la historia siempre ha habido gente que ha pensado que su tapete es el único como estandarte de paz, salvación, seguridad y vida armoniosa. Se la pasan tratando de atraer y convencer a otros para que compren el mismo tapete y no cesan en su esfuerzo. Yo no vendo tapetes, de hecho, si pudiera, recuperaría algunos, pero no sería generoso de mi parte dejar a otras personas sin su tapete, dado su estado mental actual. Quizá lo mejor es tomar una hebra del tapete y seguir adelante a peso lento… suavecito, man-

teniendo todo el tiempo un sentido de seguridad y pertenencia.

Si tú inicias este camino, cuestionando la validez de tu
tapete –justo como todos los demás– eres una persona valiente. Te parecerá que nadas en el sentido opuesto al resto
de la humanidad. Pero, si los salmones nadan corriente arriba para desovar y morir, y los llamingos se apresuran al
precipicio –sin saberlo– entonces quizá al fin y al cabo, na-
dar en contra de la corriente no sea tan malo.

Todo lo que hay que hacer, es tomarse un momento
para cuestionar todo lo que se nos ha dicho. Empezando
por cosas pequeñas. Descubrir el significado de la vida
puede esperar un poco más.

Si se asume por un instante, que lo que dicen los Budas
Tibetanos es cierto, en relación a que el ser humano olvida la verdadera naturaleza de su ser cuando nace, eso nos
podría ayudar a explicar por qué, a través de la historia, ha
habido un deseo irresistible de los humanos para obtener
la respuesta a la gran pregunta: "¿Que caramba estoy haciendo aquí?" Se trata más de una búsqueda hacia una may-
or identidad, hacia un sentido de pertenencia. La mayoría
de las personas obtienen su sentido de pertenencia de la
comunidad donde nacieron. Pero parece que para muchas
personas, la búsqueda del ser y de respuestas a preguntas más grandes se ha exteriorizado. La conciencia humana
–aún tan limitada por su asociación con el cuerpo y la personalidad– no puede comprender la inmensidad de su verdadera naturaleza. Así que al ir en busca de respuestas, la
gente ha delegado toda la responsabilidad hacia un dios o
dioses. Cuando la gente crea dioses, también deben crear

sus antagónicos en igual número, el demonio o demonios. Es el ying-yang de de nuestra realidad física – no parece que se pueda tener el uno sin el otro.

Ahora bien, aquí hay alimento para el intelecto –que no se puede tener uno sin el otro. ¿Si no hubiera un demonio externo, cómo es posible que la humanidad justifique los actos perversos que comete? Si el demonio es una creación del mente humana, que a su vez es una extensión de los aspectos de la sombra del ser, se infiere por ende, que no hay demonio. Luego entonces, vamos a tener que aceptar la responsabilidad de nuestra propia sombra y dejar de culpar a las influencias externas. Me imagino que depende mucho sobre cual o cuales son los dioses en los que actualmente cree la gente, o cual es la interpretación que resulta más cómoda para que se ajuste a su actual percepción del mundo, y eso es lo que dicta la cantidad de tiempo y energía que le otorga al demonio.

En una ocasión hace muchos años, se me pidió que trabajara con una chica muy joven. Ella estaba pasando por una experiencia de lo que se había diagnosticado como esquizofrenia. Aparentemente se sentía "poseída" por una energía obscura y maligna. La medicina la denominó como esquizofrenia; algunas religiones hubieran opinado que estaba "poseída." Ambas partes tienen formas de trabajar distintas con este tipo de manifestaciones. Como yo lo sentí, es que era un grito de ayuda. Un aspecto de la sombra de la chica era tan fuerte, tenía tanta carga, que se estaba manifestando en abuso verbal y físico a través de ella. Si se cree en Dios, ésta es una buena oportunidad para creer en el demonio. Si una persona vive momentos en los que parece haber perdido el control y se vuelve obscura o negativa y comete actos "malvados," entonces es fácil echarle la culpa al diablo.

Si tú no crees en el diablo, entonces este no es un caso de posesión por una fuerza demoniaca que requiere de exorcismo. La esquizofrenia quizá sea o no causada por un "desequilibrio" neurológico. Sin importar que exista una causa neurológica para la esquizofrenia, las conexiones neuronales aún así, están contribuyendo a la creación de la realidad de una persona. Dentro de la mezcla hay una conciencia de que las conexiones neuronales puedan ser heredadas por patrones genéticos de memoria álmica. Cualquier manifestación de patrones "negativos," pueden ser producto de conflicto interno, que es una manifestación de una carga en la sombra, ya sea causado por desequilibrio neurológico o cualquier otra cosa.

También puede deberse a la forma en que estén los cables del cerebro, que quizá ocasione que el cerebro sea más susceptible a cierta información o frecuencias de pensamiento y sentimiento que a otro tipo de información. Aún antes de que una persona, cuyos enlaces neurológicos se detonen debido a ciertas frecuencias, y encuentre esa frecuencia como información desde su percepción del mundo exterior, el potencial de reacción ya existe. Es entonces un asunto de neuronas cerebrales dirigiéndose hacia una respuesta condicionada, provocada por una estimulación particular y fluyendo al cuerpo como un cocktail químico. Lo que se manifieste, puede parecer como una "posesión," o esquizofrenia, o un desorden de personalidad múltiple, u obsesión, o ira, o amor… o lo que sea. Otra persona puede pasar por las mismas influencias externas y se verá afectada de una manera completamente diferente, o simplemente, no tener reacción alguna, sin embargo, esta última puede tener una reacción muy fuerte detonada por otra información.

Esto no quiere decir que lo anterior aplique como una razón para las experiencias de la mencionada chica, sólo trato de decir que quizá alguna de estas posibilidades fueron un instrumento en los patrones perturbadores de su comportamiento.

No sé realmente cual era la causa original de ese desequilibrio. No era importante para mí conocerlo, tampoco era importante para la chica, ni para los padres de ella. Lo importante era resolver el desequilibrio sin medicamentos y desde luego, sin un ritual basado en el miedo.

He llegado a entender que al desarrollar la capacidad de abrazar la carga como se presente, esa carga de hecho, se neutralizará. Así fue como pude ayudar a esta joven. La carga fue liberada sin juzgar lo que estaba pasando o personalizar los sentimientos o pensamientos que se presentaban, ni huyendo ni tratando de controlar los sentimientos o pensamientos que emergían. Simplemente, al abrazar la carga en mi propio corazón, ésta perdió todo su poder. Pudo recuperar su estado equilibrado. Se le amó hasta el punto en que ya no se percibió una fuerza externa perturbando a la joven, sino más bien como parte nuevamente integrada de lo que ella era. Al grado tal, que pude ser capaz de abrazar su sombra, o lo que se percibía como su sombra, lo que me permitió ser un instrumento para asimismo Dpermitir la oportunidad de que ella no volviera a tener reacciones de miedo o perderse en la experiencia. De hecho, ella estaba recalibrando su cerebro.

Dado que este proceso no fue a través del miedo ni de juicios propios, mi corazón hizo un espacio para la joven de tal forma que ella se sintió en un lugar seguro. Cuando el corazón se percibe confiado en si mismo, cuando la información que está recibiendo no es de temor, o no está recordando ninguna memoria dolorosa, puede coincidir con la frecuencia de la información en forma amorosa, sin temor. A esto le llamamos abrir el corazón, así fue que el corazón de esta joven pudo entonces abrirse, y por fin, abrazar el aspecto de la sombra que se había estado manifestando como abuso.

Esto sucedió hace muchos años, y hasta ahora no ha reaparecido ningún comportamiento de esquizofrenia. No se da siempre el caso en que el desequilibrio se revuelva tan fácilmente, pero bien vale la pena tratar.

Todo lo expuesto anteriormente puede resultar difícil si las condiciones se dan en base al miedo, o si se mantiene la identificación o personalización con lo que venga a la conciencia. El miedo es un producto de una mente cerrada y de un corazón cerrado; si hay identificación con cualquier experiencia que se esté viviendo, se corre un alto riesgo de convertirse en aquello con lo que se está identificando. Razón suficiente para evadir aquello que no se entienda.

Si hubiera habido la posibilidad de creer en el diablo y posesión, entonces la situación de la chica hubiera sido manejada de manera muy diferente. Al creer en el diablo y la maldad, de hecho se le está dando poder, permitiendo su manifestación. Suena muy loco… ¿por qué habría alguien que quisiera hacer eso? Hay que recordar sin embargo, que todos partimos desde la identificación con el cuerpo, con la personalidad, perdidos en la memoria genética, y, de acuerdo con la tradición Budista, hemos olvidado quienes somos. Además, la forma más común de lidiar con la parte obscura del pasado ha sido a través de su manifestación externa.

Para la mayoría de nosotros, ni siquiera estamos conscientes de que hacemos esto. En caso de estar conscientes, quizá impediríamos que sucediera.

Hace muchos años recibí una llamada de una mujer joven que vivía en Queensland. Estaba felizmente casada, con dos niños, pero estaba teniendo experiencias terribles con su hijo menor. Cada vez que llevaba a su hijo a la terraza posterior de su casa, escuchaba una voz que le decía que arrojara a su hijo por la terraza que se encontraba a muchos metros del suelo.

Esto había estado ocurriendo por algún tiempo antes de que me llamara, de hecho se había convertido en algo aterrador. Me imagino que el día que me llamo, las cosas se habían salido totalmente fuera de control. Ella había estado en la terraza y entró a su casa y tuvo la sensación de que alguien la seguía. Así que se volteo a ver y lo que vio fue una pesadilla –un forma demoníaca que estaba en todo el techo de la sala. Eso fue lo que la enloqueció.

Se puede pensar que todo esto era producto de su imaginación, y quizá sea acertado pensar así. ¿Lo vio con sus ojos o con su mente? Realmente no importa. Basta con que lo vio. Si otros lo ven o no lo ven, no hace que esta visión sea más o menos aterradora. Similarmente a la chica y su "esquizofrenia." Lo que infiero es que esto era una manifestación de un desequilibrio, en este caso, de inseguridad o miedo. Y cuando este desequilibrio se energizo lo suficiente, su fue manifestando con el tiempo, aún cuando sólo fuera en la mente de esta mujer. No bastaba tratar de convencerla que esto no era real; para ella era un hecho real. Una reacción típica que puede esperarse de la persona, es que piense que esta enloqueciendo, y con un apoyo suficiente, esa idea también puede manifestarse.

Resulta muy liberador ver una manifestación como una pesada carga. Aunque hubiera sido más sencillo si la carga hubiera sido liberada antes de manifestarse. Al ver en esta forma el disturbio de la mujer, pude abrazar más y más su sombra, gradualmente, en un lapso de dos semanas. Dicho de mejor forma, pude sostener mi corazón abierto, lo que entonces le permitió a ella encontrar un lugar seguro desde el que su corazón abrazo la sombra que se había manifestado de manera tan aterradora. Es una historia con un final feliz –sombra liberada, sin carga; no más manifestaciones de miedo.

Al observar estos dos ejemplos de conflicto interno o negación de sombra, podemos ver como se manifiestan, ya sea en comportamiento esquizofrénico o como una aparición de presencia casi física. Visto así, no es necesario un salto de imaginación para extendernos hacia la dinámica de cómo nuestro mundo, de nuestra percepción del mundo, es un producto de nuestra imaginación.

También ahora puede ser posible entender como cualquier carga que se manifieste es una manera en que la energía trata de encontrar un sitio de balance. Si el orden no se puede re-establecer internamente, entonces intenta hacerlo externamente. Hemos estado considerado más lo externo como real, en lugar de verlo como una expresión de conflicto interno.

Me parece que todas las expresiones del ser no son más que energía en busca del equilibrio. También creo que todos los sistemas buscan el regreso al equilibrio. Nosotros, con nuestras limitaciones humanas, creemos saber que es el balance, o que es lo que el balance significa para nuestra limitada personalidad, y tratamos de imponer esas limitaciones a nuestro medio ambiente. No es poco frecuente, que nos encerremos en nuestro propio camino, haciendo que nuestra vida nos sea más difícil de lo que es necesario. Nuestra arrogancia puede ser nuestro peor enemigo.

La energía que estaba creando un comportamiento de la llamada esquizofrenia en la ya citada chica, no estaba tratando de controlarla o poseerla, aún cuando nos hubiera parecido que así era. De haber optado por ver este caso como energía demoníaca tratando controlar a la chica, hubiéramos –mediante nuestra propia aceptación a esta opción– dado poder a la energía que se estaba expresando a través de la chica. Y al dar energía -influenciados por nuestras creencias y miedos– le hubiéramos dado un espacio en nuestra realidad. Si hubiéramos hecho eso, tendríamos que haber hecho algo al respecto.

En el pasado, y quizá aún ahora en algunos lugares, se llevan a cabo rituales que usan para expulsar al "demonio" en una persona. Dependiendo del grado de polarización de la persona que efectúa el ritual –malo o bueno, luz u obscuridad, miedos y juicios– es posible que la energía que el ritualista está tratando de expulsar, frecuentemente sostendrá una carga opuesta de igual peso. Entre más polarización exista en las personas involucradas en el ritual, mayor es la conversión de energía polarizada que están tratando de "expulsar." Todo esto apoya las creencias de la persona que lleva a cabo el ritual, sobre el convencimiento de que están de hecho trabajando con un poder negativo y fuerte. Necesitarán hacer un esfuerzo extra para desalojar la energía. Y se vuelve continúo ciclo.

Tomando como un hecho que el ritual dio resultado y el demonio fue expulsado ¿qué sucede entonces con el demonio? Se tomo como una realidad por la persona que efectuó el ritual y posiblemente, también por la persona a quien se le expulsó esta energía. Así que ahora tenemos una energía empoderada vagando en los alrededores y buscando otro anfitrión. Eso no me suena como una situación ganar-ganar.

La propia palabra "expulsar" implica que de hecho hay algo que expulsar. La creencia que hay algo ahí y además se trata de algo "malvado," es producto de nuestra falta de entendimiento debido al rechazo de enfrentar la sombra interna.

Si cualquier información o carga, sin importar el nombre que se le asigne, llega a presentarse con la suficiente habilidad de nuestra parte, lo que significa que nuestro corazón está lo suficientemente abierto para abrazar la carga que se esté presentando, entonces esa carga será fácilmente y sin esfuerzo, absorbida por la elevada conciencia de quien realmente somos. Contrario a los temores de mucha gente, no nos poseerá, sino más bien se hará uno con nosotros. Solamente se trata del miedo, miedo mayormente a lo desconocido, lo que permite que cualquier información se apodere de nosotros. En cuanto lo desconocido se convierte en conocido, el miedo por consiguiente, desaparece.

Si, en lugar de ver una manifestación negativa como trabajo del diablo o algún demonio tratando de poseer a alguien, vemos una carga que se expresa a si misma buscando el equilibrio, entonces creo yo que estaremos en la pista hacia una reducción significativa de cualesquiera manifestaciones en este planeta de aquello que podríamos llamar maldad. Ayudaría en mucho que hubiera más personas practicando esto. Entre más personas abracen esta energía, menos manifestaciones se darán y será más fácil para aquellos que vienen después.

Cuando se ve la energía manifiesta o sin manifestar, como información que está buscando el balance, es un enfoque muy diferente hacia los "problemas," lo difícil es darse cuenta rápidamente. Sin embargo, cuando alguien puede sentir los beneficios de abordar la vida en esta forma, se preguntará por qué le tomo tanto tiempo llegar a ese punto. Es tan simple, tan poderoso, tan profundo; y entre más se practique, todo se convierte más sencillo. Al desarrollar un corazón abierto, confiado, se puede abrazar la memoria de la sombra y la carga puede liberarse, y así, empoderar a todos los involucrados.

Los demonios, el diablo, duendes, nomos, camaleones y espantajos —las personas tienen formas sorprendentes de ilustrar el lado obscuro. Si asumimos que los registros que tenemos disponibles son representaciones correctas y verdaderas de la historia —una suposición enorme— la humanidad ha creado muchos retratos de la maldad. La humanidad ha pintado de muchas maneras el bien y el mal; la polarización ha sido una necesidad, por ser un producto de la mente perdida tratando de encontrase a si misma.

Culturas diferentes tienen diferentes demonios —para algunos, uno no basta, mientras que otros necesitan toda una multitud, uno para cada día de la semana. No creo que la manifestación de nuestro lado obscuro haya surgido sin razón. Si aceptamos que estamos dentro del drama, no podríamos haber entendido la naturaleza humana, si no hubiéramos tenido algo externo a nosotros para poder medir nuestro propio estado del ser. Necesitábamos un espejo que nos reflejara y nos mostrara quienes éramos / somos. Cuando la humanidad se perdió en el espejo, en vez de usar el espejo para ayudarse a sí misma, esto se convirtió en experiencia en vez de observador de la experiencia, y se aparto de la compresión de su verdadera naturaleza. Alicia en el País de las Maravillas, de hecho.

A pesar de todo, la manifestación del lado obscuro, es muy valiosa. Nos da la capacidad a usar la información para ver cuales aspectos del lado oscuro, cuales demonios nos causan más problema. ¿Cuáles nos controlan? ¿Y cuáles son lo que no notamos en absoluto? Hay mucha más importancia en este acercamiento de lo que cualquiera se imagina. Para entender este proceso, se hace necesaria traspasar la puerta de la muerte. Antes de poder emprender este viaje, necesitamos reconocer, aunque sea temporalmente, que tenemos un alma. ¿De qué otro modo, puede haber un testigo del viaje?

Ejercicio

A primera instancia, muchos de los ejercicios al final de cada capítulo pueden parecer difíciles. Después de todo es una nueva forma de ser para muchos de nosotros. A través de la práctica constante, el concepto de que los sentimientos no son nuestros se convertirá en segunda naturaleza, permitiéndoles la seguridad de sentir más de lo que nunca habían sentido antes.

Para este ejercicio, traten de ponerse en los zapatos del otro, imagínense lo que están sintiendo, el por qué son diferentes a ustedes. Su pasado ha creado su presente, ¿quiénes somos nosotros para juzgar el pasado de otra persona? ¿Son sus sentimientos menos importantes que los de ustedes? ¿Son sus sentimientos menos reales por el simple hecho de ser diferente a ustedes?

Recuerdo haber escuchado recientemente a alguien que decía que no podemos estar conectados unos con otros. Si lo estuviéramos, pensaríamos los pensamientos y sentiríamos el dolor y el gozo de todos, lo que sería, claro está, abrumador. Sería solamente demasiado… siempre y cuando se hayan tomado todos esos pensamientos y sentimientos de manera personal.

Iluminación, auto-realización, omnisciencia, omnipresencia, omnipotencia, todo ello nos indica que, de hecho, estamos conectados, de alguna u otra manera. En tanto no tomemos personalmente todo lo que pensamos y sentimos, nos acercamos más a nuestra iluminación personal.

Cuando sea que se den cuenta que emerge un sentimiento, simplemente reconozcan el sentimiento, permítanlo, pero traten de no perderse en él. Muy pronto su propia sombra será aceptada sin peligro, y pueden empezar a crear un mundo en una forma más consciente y amorosa.

13

Cambiando la Realidad

$\mathcal{E}$l alma olvida su verdadera naturaleza, aceptando totalmente la identidad de un bebé. El niño se desarrolla dentro de un armazón de personalidad, tiempo y lugar de nacimiento, costumbres sociales y expectativas. Al perderse en el drama, la tendencia es tomarse muy en serio el drama. Y esto da por resultado el juicio, los gustos y disgustos... las preferencias. Durante el desarrollo el niño desarrolla la habilidad de personalizar su experiencia, por lo que aprende a ser más prejuicioso.

Así se forma la sombra, y la negación se convierte en destreza que el niño utiliza para sobrevivir, principalmente a todo aquello que percibe como difícil u hostil. Los aspectos de la sombra se ven reforzados por una sociedad que no sabe de algo diferente. Entonces el niño aprende a convertirse más diestro en la negación y ocultación de la sombra. Al negar la sombra, aparece la carga. Ya hemos visto como cualesquiera aspectos negados del ser, pueden manifestarse como desequilibrio interno, enfermedad, conflicto interno. Al enterrar nuestra sombra todavía más profundo, fuera de la vergüenza o el temor, estamos creando un desequilibrio interno aún más grande. La carga por su parte todo lo que hace es simplemente intentar encontrar algún equilibrio. Desde una base muy elemental, aquello que no es amado, busca ser amado. Nuestro verdadero ser se está integrando al mundo y entre más nos amemos a nosotros mismos, nuestro ambiente nos lo reflejara de igual manera. Asimismo, entre más fracasemos en amarnos a nosotros mismos, nuestro ambiente igualmente nos lo reflejara.

Desde el marco de nuestra visión del mundo actual, luchamos por crear una vida feliz para nosotros y nuestras familias. Hacemos todo lo que podemos, sin embargo hemos fallado en amar esa parte de nuestro ser, y, tendemos a lanzarnos a estados de culpa, que sólo añaden combustible al fuego del descontento y que están envueltos en llamas. Todo esto tiene un efecto de un sentimiento de necesidad creciente por hacer algo para controlar nuestro ambiente, y mantenerlo a salvo para nosotros y nuestras familias. Cuando este sentimiento nos lleva a un camino que intenta crear seguridad a expensas de la seguridad de otros, nos adentramos en un mundo de inseguridad global.

Ahora lo menos que sucede, es que estamos convencidos de que todos nuestros problemas cuya causa es el egoísmo e injusticia, aún si con anterioridad no hubiéramos estado convencidos de esto. Con toda justicia, quizá exista una parte muy dentro, donde sabemos que no es este el caso, pero como la opinión de la mayoría es la que rige, y, temerosos de ir en contra de la corriente, nos dejamos llevar por el consenso. Esto añade más energía a un desequilibrio manifiesto, el que entonces, desde luego, requiere más energía para "estabilizarse."

Y, mientras tanto… se continua creando la carga.

La importancia real de todo esto, creo yo, es que si la carga de la sombra no ha sido liberara antes del momento de la muerte, entonces la carga remanente y todos los patrones de creencias, esperanzas, y deseos, sobrevivirán a la muerte del físico y juegan un papel importante en los pasos a seguir en el viaje del alma.

Gran parte de nuestra vida diaria, nos enfrentamos a quienes somos. Nos encontramos a nuestra sombra; encontramos el lado oscuro de nuestra sombra, encontramos el lado amoroso y todo aquello que esté entre eso. La clave en lo que encontraremos mañana, radica en la forma de lidiar lo que encontramos el día de hoy.

Hace poco que tuve la oportunidad de conocer el trabajo de Constatine Cavafy, un poeta griego poco conocido que murió en 1933 y el poema que cito a continuación –"Itaca"– describe tan maravillosamente el camino, que me pareció apropiado incluirlo:

ITHACA
Cuando inicies tu viaje a Itaca,
Ora porque el camino sea largo,
Lleno de aventura, lleno de conocimiento.
No temas a los Lestrigonios ni a los Cíclopes,
Tampoco a la ira de Poseidón
Nunca cruzará algo así en tu camino,
Si tus pensamientos permanecen elevados,
Si la emoción toca gentil tu espíritu y tu cuerpo.
Jamás encontrarás a los Lestrigonios ni a los Cíclopes

O a la furia de Poseidón,
Si no los llevas contigo dentro de tu alma,
Si tu alma no los alza ante ti.

Ora entonces para que el camino sea largo,
Que sean muchas las mañanas veraniegas,
Cuando con tal placer, con tal gozo,
Arrivarás a puertos por primera vez vistos;
Detente en los mercados Fenicios
Y compra su fina mercancía,
Madre-perlas, coral, ámbar y ébano
Y perfumes sensuales de toda clase,
Tantos perfumes sensuales como puedas;
Visita las Ciudades Egipcias
Para aprender y aprender de los sabios.

Siempre mantén a Itaca en tu mente,
Y que llegar ahí sea tu meta final,
Pero no apresures tu viaje
Es mejor dejar que dure muchos años;
Y anclar en la isla cuando seas ya mayor,
Con las riquezas que obtuviste en el camino,
Sin esperar a que Ithaca te las ofrezca.
Itaca te ha dado un hermoso viaje.
Sin Itaca, nunca hubieras emprendido el camino.
No tiene más que ofrecerte.
Y si la encuentras pobre, Itaca nunca te engañó
Sabio como te has vuelto, con tanta experiencia,
Sabrás entonces lo que Itaca significa.

Constantine Cavafy 1911

Cavafy usa a los Lestrogonios y los Cíclopes y la furia de Poseidón para representar los demonios a través del camino, una forma maravillosa de la manifestación de la sombra. "No les temas, no los encontrarás en el camino, si no los llevas dentro de tu alma." Podemos ver como se desprende de su poema, y postula que si la sombra de los Lestriogonios y los Cíclopes y la furia de Poseidón aún existen en nosotros, sin haber sanado y en constante negación, esos aspectos del ser se nos aparecerán a través del camino.

Todo el mensaje incita a disfrutar del viaje; no es la meta lo que cuenta sino lo que pasa a través del trayecto. El poema nos exhorta a que tengamos un viaje tan placentero como sea posible dando menos importancia a la meta.

Para garantizar que no encontraremos nuestros demonios en el camino, necesitamos liberar la carga que sostenemos alrededor de las partes desamadas de nuestro ser. Si no abrazamos nuestra sombra en vida, nadie lo hará, una vez que hayamos muerto. Lo cual no infiere necesariamente que la información remanente después de la muerte, desaparezca como un soplo de humo.

Es análogo a la travesía de un velero. Mientras estamos en vida, nos creemos que estamos a cargo de la embarcación, determinando el curso a seguir; cuando y donde parar; a quien invitamos a subir para que nos acompañe en la travesía. De hecho tenemos muchas elecciones —podemos izar velas para ir a donde queramos, aún cuando la mayoría preferimos travesías tranquilas.

Sin embargo no somos tan libres como que quizá hayamos pensado, ya que es necesario depender del barco velero como medio de transporte, y los vientos y las olas de hecho, influyen bastante en nuestras decisiones. Pero tenemos la mano en el timón y eso nos hace sentir bien. Recuerden al alma. El alma no ha desaparecido mientras estamos navegando por la vida, sino que permanece como observador constante, mientras que nosotros nos hemos convertido en la experiencia per se. Cuando el cuerpo físico muere, como al final sucede, ¿Quién se hará cargo del timón? ¿Quién capitaneará el barco? Podemos pensar que el barco se hunde con nosotros cuando morimos, pero el barco es la suma total de nuestras experiencias; todas nuestras esperanzas y nuestros temores; nuestra parte clara y nuestra parte obscura, nuestras esperanzas y expectativas. Sin nadie que esté a cargo del barco, se convierte en víctima de los vientos y las olas. El barco que es un producto de todos nuestros pensamientos y creencias sostenidos hasta la muerte, se encuentra ahora víctima de esas creencias, de la carga retenida aún en la sombra, sin haberse podido expresar.

La carga busca el equilibrio, pero no hay forma de expresarse ya más. La carga se puede manifestar en el mundo astral, algunas veces llamada "cuarta dimensión," pero no puede ser liberada hasta que no regrese a la tercera dimensión en otro cuerpo físico. Esta carga remanente puede ser un gran problema.

De acuerdo a los Budismo Tibetano, existe un estado donde reside la verdadera naturaleza de la mente, a la que se le denomina El Despertar de la Iluminación Esencial. Esas creencias sostienen que en el momento de la muerte del físico, es la mejor oportunidad que se tiene para reconocer y permanecer en la naturaleza verdadera de la mente. Reconocer y permanecer dentro de la verdadera naturaleza de la mente, podría ser el objetivo, ya que cuando el alma es capaz de reposar en la verdadera naturaleza de la mente, significa que el camino de la ignorancia ha llegado a su fin. El final de un ciclo de nacimiento, envejecimiento, muerte y renacimiento. Es la liberación. Sea esto cierto o no, lo ignoro; el razonamiento que respalda esta creencia y los beneficios de practicar un estado alerta de consciencia, son muchos e inmediatos. No habría que esperar a morir para vivir una experiencia celestial…

También podemos apreciar que tan sólo de contemplar la posibilidad de que existe una verdadera naturaleza de la mente, se encuentra otra razón para trabajar en el proceso de abrazar nuestra sombra, mientras exista el cuerpo físico para hacerlo.

De acuerdo a estas enseñanzas, tan sólo la observación de la verdadera naturaleza de la mente sobre la muerte no es una tarea fácil. De hecho, si las enseñanzas están en lo cierto, es casi imposible, especialmente para aquellos sin ningún entrenamiento sobre qué es lo que están buscando. Existe la creencia de cuando una persona fallece, la carga, la sombra, y sus creencias permanecen y pueden ser tan fuertes que impulsan al estado de conciencia –que podríamos llamar el alma– a través de la verdadera naturaleza de la mente. Esto sucede tan aprisa, que no permite a la conciencia reconocer la verdadera naturaleza de la mente. En su lugar, la consciencia se hace cargo en el momento de la muerte, ya que no existe más un cuerpo físico que afecte el proceso, por lo que los conceptos –que es la materia prima– y la energía emocional están en campo libre. Si la persona en estado moribundo, tiene profundas expectativas sobre lo que puede esperar después de que el cuerpo muere, es posible que se manifieste para esa persona. Algunas de las expectativas pueden referirse a los conceptos sobre el cielo, el infierno y cualquier cosa entre ambos. Los temores y deseos retenidos al momento de la muerte pueden ser tan intensos, que de hecho forman una "realidad" para la persona –que se identifica con el cuerpo o la personalidad después de morir– y cree que es real.

Somos seres individualmente muy complejos, con muchas esperanzas y expectativas, muchos temores y deseos, muchos juicios personales. Imaginarse la peculiaridad de que es el cuerpo y su asociada personalidad lo que está yendo hacia un lugar, es algo difícil de comprender. Y es aquí donde el concepto del alma viene al rescate. El alma no está limitada por el cuerpo o la personalidad, de hecho, es muy factible que el cuerpo y la personalidad sean expresiones del alma, no al revés. Si el alma no está limitada por la forma física, bien puede ser que sea ilimitada; también puede ser que el alma no esté limitada por ningún cuerpo en ningún tiempo. Esto puede sustentar que emerja la posibilidad de un alma grupal. Una manifestándose en muchos cuerpos simultáneamente.

Robert Monroe en su libro *Ultimate Journey* (*El Viaje Definitivo*), habla de las experiencias fuera del cuerpo. Una experiencia en particular relata que un hombre cuyo deseo por una mujer especial, lo transportó al departamento de esa mujer después de la muerte del hombre. Fue el deseo de este hombre –una carga emocional– que no fue trabajada mientras vivía, lo que provoco que dirigiera al departamento de la mujer. Monroe fue capaz de convencer al hombre que ya había muerto y que necesitaba seguir adelante. Según las propias palabras de Monroe "ir al nivel 27, un lugar de limpieza, para las almas perdidas." Gracias a un experiencia de muchos años en la exploración de realidades no físicas, Monroe tomo la mano izquierda del sujeto y reapareció en la casa de limpieza, ¡sin el hombre!

Aún cuando Monroe no lo menciona, yo creo que para llegar al nivel 27, uno tiene que haber pasado por el mundo astral, o el reino donde los pensamientos y las emociones se manifiestan. Quizá esta descripción no sea tan apropiada, por lo que sería mejor decir que se pasa a través del vacio sin forma, desde el cual todo se puede hacer manifiesto. Todo esto puede requerir mayor explicación la que daré más adelante. El pasar a través de un vacio hacia el nivel 27 es donde los pensamientos y emociones que aún están retenidos en la conciencia del "alma" como una carga, se expresan e inmediatamente se manifiestan.

Nuestro hombre, en estado post-mortem, tenía poco o ningún control sobre cargas que aún estuvieran retenidas y era víctima de su propia carga. Mientras estaba en vida, pudo o no haber tenido algún control sobre estos sentimientos, pero no tuvo oportunidad de trabajar la carga. Al momento en que muere y va al vacío sin forma, sus deseos crean su realidad. Monroe recuerda que el hombre no estaba con él al llegar al nivel 27. En su lugar la pesada carga de deseo sexual se manifestó en miles de cuerpos desnudos retorciéndose, todos tratando de tener sexo con él. Sin control alguno, la energía del hombre había creado esta realidad o había atraído esa realidad hacia él, a causa de su carga no procesada. Recordemos lo que se mencionó anteriormente: Toda energía busca su equilibrio. Todo lo que paso aquí se refiere a una carga que estaba en busca de una descarga, pero sin cuerpo físico, era incapaz de encontrar el equilibrio. A cambio la carga se expresó a si misma al crear o descubrir la manifestación de un deseo sin satisfacer.

Siento que es poco probable que el "alma" –como un todo– se haya identificado y haya sido capturada como una expresión de deseo sexual restringido en este hombre durante toda su vida. Es más probable que haya sido sólo un aspecto de su alma –una pequeña parte de su alma fragmentada que se identifico con la carga retenida al momento de su muerte y busco un equilibrio.

Este hombre no había lidiado con uno de sus demonios, aunque es probable que lo haya encontrado muchas veces, a lo largo de su camino personal a Itaca. Sin haber logrado abrazar este aspecto de su sombra, entonces descargó esa energía antes de morir, encontrándose con el demonio del deseo sexual después de su muerte, y esa energía se fue consumida y se perdió en la carga. Si él hubiera aceptado en vida y conscientemente trabajado en liberar la carga, re-calibrando su cerebro para evitar ser víctima de un viejo condicionamiento, pudo haber gozado de una unión sexual, pero sin ser víctima de ese deseo. Tampoco hubiera continuado proyectando la carga del deseo hacia el plano astral y el vacío sin forma, y nunca hubiera necesitado de los servicios de la "casa de limpieza para las almas perdidas." De haber liberado toda la carga, todo el deseo, todos los conceptos antes del desenlace físico, ese individuo pudo haber podido reconocer la verdadera naturaleza de la mente después de la muerte física y se hubiera podido permanecer ahí.

La gran pregunta es, desde luego, ¿por qué alguien podría querer permanecer en la verdadera naturaleza de la mente, cuando hay tanto que hacer cuando se tiene el cuerpo? La cuestión aquí, yo creo, es la diferencia entre tener un cuerpo con la consciencia de que está totalmente dormido o con la consciencia de que está bien despierto. Consecuentemente, tener la elección de nacer no nacer, en lugar de ser un producto de un pasado inconsciente y ser proyectado hacia otro cuerpo.

De acuerdo a las enseñanzas budistas, al faltar la verdadera naturaleza de la mente después de la muerte –por cualquier razón que sea– garantiza un nuevo nacimiento. Dependiendo de la intensidad de la carga, cualquier deseo o carga todavía retenida al momento de la muerte, nublará la consciencia de la verdadera naturaleza de la mente, y la carga buscará expresarse a sí misma. Los aspectos del alma que aún se identifiquen con cualquier emoción, concepto, o sombra, gradualmente se fusionan y crean un cuerpo mental, que eventualmente reencarnará.

Yo creo que la carga retenida en la sombra al momento de la muerte, juega un rol importante para determinar cualquier manifestación del ese aspecto del alma en el cuerpo físico. Visto simplemente como una carga que está tratando de expresarse a sí misma, el núcleo del alma recoge toda la energía alrededor –energía que está asociada con varias cargas que retenidas– hasta que renace y tiene la oportunidad de liberar dichas cargas. Desafortunadamente, al reencarnar en un cuerpo, se pierde la memoria, y más aún, si nos perdernos en el cuerpo y la personalidad, y… empezamos de cero nuevamente.

Si, como creo, existen bastantes momentos de realización dentro de la verdadera naturaleza de quienes somos durante cada vida, entonces la manifestación del alma tiene la oportunidad de empezar de manera consciente a liberar la carga. Esto requeriría que la persona empezara a trabajar en la re-calibración de redes neuronales viejas que posiblemente fueron instaladas a través de muchas manifestaciones. Y así, empezar a practicar en responder a las situaciones en lugar de reaccionar ante ellas. Quien sabe que tanto progreso podría llevar a cabo una persona que intenta esto por primera vez.

Pero al buscar dentro de uno mismo las respuestas, en lugar de reaccionar ante ellas todo el tiempo, sería como tomar impulso dando un paso atrás hacia un mayor conocimiento, lo cual representaría un paso hacia adelante para vencer las cargas de la sombra que sujetan a un ser; un paso más hacia mayor libertad y auto-empoderamiento.

Cualquier manifestación de algún aspecto del alma –al que nos referimos como una persona– empieza por conscientemente re-calibrar el cerebro, abrir el corazón y traer el lado obscuro a la consciencia, para reducir cualquier carga. Cuando se presenta el momento de morir, si hay menor identificación o carga que antes, el alma no se fragmenta tanto y hay menor carga buscando el equilibrio. Aún así, el alma extraña la verdadera naturaleza de la mente; aún tiene deseos y asuntos "sin terminar." Pero como hay menos carga que antes, la energía coalescente impelida al alma es menos densa o intensa que antes. Esto da como resultado un nuevo nacimiento con una consciencia que ya ha trabajado mucho en la re-calibración de neuronas y la apertura del corazón. El verdadero camino a casa se ha iniciado. Eventualmente ya no hay cargas, ni miedo, o sombra, o deseos que impidan al alma ver y descansar en la verdadera naturaleza de la mente.

En ese momento, yo creo, hemos recuperado la habilidad para elegir si queremos regresar a un cuerpo físico o no. Antes de poder descansar en la verdadera naturaleza de la mente, nos encontramos como víctimas del pasado. Cualquier apego o identificación con el pasado crea un futuro; sólo podemos trabajar para crear otro cuerpo, otra personalidad, otro futuro, dentro de un armazón creado a partir de nuestro pasado. Es imposible que encontremos alguna libertad personal mientras nos mantengamos asociados con el pasado. Así que, verdaderamente, somos producto de nuestro pasado, y si ese pasado ha estado negando la sombra, entonces en eso nos convertiremos.

Con el fin de recapitular todo lo dicho en la forma más sencilla posible, lo explico así: A partir del nacimiento, un bebé se pierde en el drama; se toma ese drama en forma personal y en serio. La carga se crea por la falta de consciencia, lo aparentemente, forma parte inherente en la naturaleza humana. La persona fracasa para liberar la energía antes de su muerte, debido nuevamente a su falta de consciencia y asociación con la personalidad. Al ser una carga intensa, le memoria es llevada al alma a través de la verdadera naturaleza de la mente, sin darle tiempo al alma para que se dé cuenta de lo que ha sucedido, o sea que ha pasado a la verdadera naturaleza de la mente. El cuerpo se desprende y todo lo que queda es la memoria, los conceptos, y la carga de la sombra del ser. La suma total de las memorias, conceptos, y carga se encontrara con los demonios de los miedos que aún están retenidos y sin resolver en los asuntos que lleva morral o la mochila. La persona quizá no haya encontrado a los Lestrogonios en su sendero físico, pero el sendero no termina cuando el cuerpo fallece.

Ya no existe ningún cuerpo, y la carga se encuentra perdida en el espacio, buscando la mejor forma para equilibrase. Sólo puede lograr esto al entrar en otro cuerpo, otro nacimiento, y –no se sabe– una vez, olvidando todo el proceso que se ha mencionado.

Puede brindar una ayuda el entender que la verdadera naturaleza de la mente está aquí, ahora, y siempre ha estado, y siempre estará. No está esperando a que alguien se muera para mostrarse a si misma.

Asimismo también puede ser de ayuda el saber que el vacío sin forma –en donde todo se crea y a donde todo regresa– no está confinado a ningún otro reino. Aún cuando podemos referirnos a un aspecto de este vacío como el mundo astral, la verdad es que el vacío está en todas partes, todo el tiempo. El vació sin forma puede denominarse también como la sopa cuántica, a la que nos hemos referido anteriormente –el océano de consciencia en la que todos estamos nadando. También se le puede llamar la mente –de Dios si se quiere– pero sin relacionarla a cualquier cosa que nuestra mente personal piense que es.

Quien quiera que pensemos que somos nosotros mismos, luz y sombra, estamos en el mismo océano de consciencia que todos los demás. Lo que somos –cada uno de nosotros– es transmitido energéticamente desde nuestro ser al océano desde donde se manifiesta.

Chogyam Trungpa Rinpoche dijo: "Ya que todas las cosas están al desnudo, claras y libres de la obscuridad, no hay nada que esperar o realizar. La práctica diaria es simplemente una completa aceptación y apertura hacia todas las situaciones y emociones. Y que toda la gente experimente totalmente, sin reserva ni bloqueos, para que nunca se aísle o centralice en si misma."

Como la vida misma, este libro trata acerca del camino. Hay multitudes de senderos diferentes, tanto como seres vivientes. El mundo que Chogyam Trungpa Rinpoche describe en su frase arriba citada, es a la vez, simple y difícil. Pienso que estas palabras estarán fuera de nuestras vidas hasta que estemos listos para tratar de entender su significado.

La práctica sólo podrá llevarse a cabo cuando se esté preparado para explorar su significado. Estas frases, sin embargo, son demasiado para que sean entendidas por aquellos que las escuchan por primera vez. Surgen muchas preguntas y dudas en el terreno intelectual. Así que edificamos un "puente" desde nuestro viejo campo de lo conocido y "seguro," para cruzar hacia nuevas tierras y dado que la vida es un viaje hacia los inexplorado, empezamos a cruzar el puente.

Carece de importancia si se cree en la sombra o no. Se trata tan sólo de una palabra usada para describir una parte de quienes somos. Tampoco importa si se cree que se tiene un alma o no, o si se cree que hay un Dios o no. No es importante si se cree acerca de la verdadera naturaleza de la mente, acerca de la re-encarnación o aún acerca de que seamos una sola consciencia.

Lo que verdaderamente importante es que se crea en uno mismo; creer en que uno puede hacer la diferencia. Hay muchas formas de hacer la diferencia, algunos en forma amorosa y de apoyo; otros en forma destructiva y egoísta; y de algunas otras formas. La única guía será la propia consciencia. Parece ser que todos estamos sujetos por la percepción del mundo colectiva y todos somos responsables por esa percepción colectiva. Donde quiera que sea que no estemos de acuerdo, que haya confrontación, que se albergue la ira, u odio, o cualquier otra falta de amor en el corazón, no se dejaran de producir los resultados. Toda acción lo hace. ¿Pero podrán estos resultados crear una situación ganar-ganar? ¿Nos darán la paz que añoramos? Es posible que en algunas áreas de nuestra vida podamos llegar a sentirnos victoriosos o quizá fracasados; sin embargo, el día de mañana trae consigo los mismos retos, sólo cambiando los panoramas.

La próxima vez que te sientas proyectado hacia la lucha contra alguna injusticia, puedes tratar otra forma. Antes de levantar la voz en protesta, detente un momento… piensa… y pregúntate a ti mismo: "¿Cómo está afectando mi cuerpo este pensamiento? ¿Cuáles son los químicos que se están disparando con este pensamiento? ¿Me están haciendo algún bien estos químicos? ¿Están contribuyendo a mi buena salud? ¿Podría desear estas reacciones químicas para mis seres queridos?"

Y entonces, pregúntate, si ese enojo, ese juicio realmente están contribuyendo para lograr un cambio en la situación; o, si van a lograr una diferencia positiva para el mundo. Quizá haya una forma para hacer una diferencia positiva sin envenenarte a ti mismo. Hay mucha gente que desde su asiento de humildad y compasión están haciendo una gran diferencia en el mundo todos los días. Es obvio que los necesitamos en el mundo actual. Alguien tiene que amar el lado obscuro. La necesidad de este tipo de personas es síntoma de que el mundo no ha cambiado mucho a través de su historia; tantas guerras, revoluciones, resistencias, cambios, legislaturas, golpes de estado, marchas por la paz, es clara señal de que la injusticia todavía está presente, como siempre lo ha estado.

¿Estamos realmente en una mejor situación ahora de lo que estuvimos miles de años atrás? Muchos de nosotros podemos tener electricidad, agua corriente en casa, autos, autopistas, aviones, computadoras, etc. ¿Pero estamos mejor? ¿Somos más civilizados? ¿O, menos? ¿Hemos evolucionado más allá de la necesidad de cubrir nuestras propias necesidades sin recurrir a la guerra? Obviamente, no. ¿Podemos entablar discusiones sin enojo? Obviamente, no. ¿Hemos creado una sociedad justa para nosotros mismos y para los demás? Obviamente, no.

Hay gente, afortunadamente, que se esfuerzan para mantener este mundo más seguro y feliz para los demás, pero ha habido gente que ha hecho lo mismo por muy largo tiempo. ¿Cuáles son las emociones que predominan en el mundo actual? Aún aquellos que viven en un mundo de confort y paz llamado "Oeste," viven temerosos detrás de una cortina. Temen por sus hijos, por su libertad, por sus trabajos, por sus posesiones, por su salud, por sus vidas. ¿Es esto una señal de una sociedad civilizada? Este miedo no está restringido a un solo país. Es una epidemia globalizada.

En tanto nuestro pasado cree nuestra actual realidad, se transmite de igual manera a la realidad colectiva. A menos que podamos salirnos, aunque sea momentáneamente, de la sombra de ese estado colectivo, no podremos percibir esto con claridad. Si no podemos ver claramente lo que está sucediendo, de cómo se crea nuestra percepción, nos mantendremos impotentes para llevar a cabo un cambio. Como se mencionó anteriormente, la realidad que se manifiesta actualmente es tan intensa, tiene tal poder, y es tan real, que nos sentimos obligados a hacer algo al respecto.

Y aún así, todo lo que se ha hecho a través de la historia del mundo, simplemente nos ha mantenido atorados en una eterna repetición del pasado. Tratamos y arreglamos los problemas a la misma antigua manera. Y, llegamos a las mismas viejas soluciones para resolver los mismos viejos problemas.

Hasta que no seamos capaces para idear un acercamiento totalmente diferente para lidiar con los problemas, estos mismos problemas persistirán para el día de mañana, y estarán aún presentes dentro de 100 años y estaremos tratando de arreglarlos en la misma vieja forma.

Quizá de esto se trata la vida misma. Caer en el drama en algún tiempo y espacio, jugar bien ese rol –quizá nos den un Oscar– y morir... cae el telón y... se acabó. Resulta interesante, pero pienso que la mayoría de nosotros desearíamos que hubiera un mayor significado para nuestra presencia aquí en la tierra, que eso. Sin embargo, quizá eso es todo lo que significa la vida –jugar el papel de fuerzas y emociones interactivas. Tal vez no se trate de que alguien tenga que "resolver" los problemas del mundo, sino simplemente aprender la manera y los medios para lidiar con las situaciones y sobrevivir lo mejor que se pueda. Venimos, hacemos lo que hacemos, y nos vamos. Nada que arreglar, nada que hacer, nada que salvar. Escogemos nuestro terreno, definimos nuestra presencia, heredamos nuestros resultados de nuestras vidas para que otras generaciones, asimismo, hagan lo mejor que puedan.

Mi conocimiento intuitivo me dicta que hay más que eso en la vida, ¿pero de donde viene mi conocimiento intuitivo y por qué tuve esta bendición? He intentado ofrecer alguna explicación sobre esto, pero realmente no sé la respuesta, y quizá nunca la sepa. Tal vez no exista respuesta alguna, quizá todo sea aleatorio. Esto es poco probable, pero una mente abierta debe aceptar esta posibilidad.

Hay un viejo refrán que dice: "La vida es lo que haces de ella." ¡Totalmente cierto! Siento que se aproxima el tiempo para un mayor reacondicionamiento en lo que estamos haciendo; no hay muchos que deseen un futuro basado en los hechos del pasado. Existe una oleada de llamados pidiendo un cambio, y se están explorando muchas vías. Al haber tanta gente tratando de trabajar en la realidad actual y con otros tantos que se dirigen más allá de las fronteras de experiencias pasadas, que todo es posible. Muchos ciertamente creen que estamos en el umbral de un cambio más grande.

El dilema es, ¿cómo podemos manifestar ese cambio? ¿Cómo se verá esa nueva realidad? Estamos capturados con un pie en el pasado y el otro listo para pisar el futuro. Si supiéramos donde se encuentra el futuro, podríamos colocar nuestro pie en él con cierta seguridad. Desafortunadamente, no podemos imaginar ese futuro por falta de referencias; nada que nos guíe. No hemos estado ahí antes y consecuentemente, hay que explorar todas las opciones conocidas, los terrenos que nos son familiares, los que nos hemos sentido "cómodos" por milenios. El problema en eso, claro está, es que si basamos nuestro futuro partiendo de nuestro pasado, aún estaremos luchando dentro del paradigma que creo nuestro pasado. Desde nuestro pasado, se formará nuestro futuro, sin embargo si estamos tomando en serio crear un nuevo futuro para nosotros mismos, entonces necesitamos dejar de proyectar nuestro forma de pensar actual hacia nuestro futuro, ya que sólo creará más de lo mismo.

¿Qué se puede hacer? El pasado es pasado, no estamos pensando que podemos cambiar eso, a pesar de que muchos científicos se lo están cuestionando. ¿Cómo podemos realizar cambios fundamentales, cuando pareciera que estamos encerrados en una eterna reacción del pasado?

Recuerdo en alguna ocasión haber escuchado una historia acerca de un hombre que andaba en busca de su maestro. Viajo durante muchos años hasta que eventualmente, encontró a la persona que andaba buscando. Esta persona lo despidió, sin decir una palabra, sin ninguna esperanza. El hombre paso muchos años preguntándose como podría hacerse digno de su maestro. Mucho tiempo después regreso a ver a su maestro y sucedió lo mismo, fue despedido. Más que nunca, empezó a asumir la razón por la que era lanzado lejos. No podía ver a su maestro porque su visión estaba nublada por su propia personalidad y sus expectativas. Subsecuentemente, en su búsqueda, en cada situación que se le presentaba, se analizaba a si mismo y sus propias reacciones. Lentamente pudo ser capaz de liberar el viejo condicionamiento de ver las cosas, de sus viejas expectativas, hasta que un día, regreso a la casa de su maestro y encontró la puerta abierta y la estancia vacía. Entonces se dio cuenta y descubrió que él era el maestro que tanto había buscado.

Si él no hubiera recorrido el camino con cierta consciencia, nunca hubiera llegado a ese entendimiento. La moraleja de esta historia, supongo, es que podemos andar en la eterna búsqueda, pero hasta que no dirijamos nuestra mirada hacia adentro, jamás encontraremos lo que estamos buscando.

Ejercicio

Piensa en tu camino a Itaca.

Author´s note: Cualquier error en las citas de autores referidos, no ha sido intencional, y se pide disculpas como error humano involuntario, sin ninguna intención de confundir o desviar el estilo o significado del texto.

los mismos asuntos, y, lo más

ir una nueva forma de ser. No
a nuestro alrededor, sino una
e.

no contribuimos a la creación
n sentido de suma importan-
o propio bien.

sto para ti, y este libro te ayu-

muy poderosa que se basa en
del pasado que nos mantiene
o verdadero potencial. Eric se
ntuición nacida de su sensibil-
de la sabiduría de los tiempos
os, canalizado directamente

US $17.95

$17.95
ISBN 978-0-9830907-0-0
51795>

9 780983 090700

Amar lo que se Dé…

Eric Dowsett

Amar lo

Una forma diferente

Eric